チベット人だからわかる

中国は消防士のフリをした放火魔

ペマ・ギャルポ

ハート出版

はじめに

日本政府も国会も、新型コロナウイルス感染症発症以後の様々な政策は、ほとんどすべてが経済の復興、不況対策にのみ力が向けられているように見える。もちろんそれも大事なことだろうが、むしろこのような時期だからこそ、一九八〇年代以後に顕著となった消費資本主義、いや、ある種の強欲資本主義を克服する道を見出すべき時ではないだろうか。

これはもちろん日本だけの問題ではない。アメリカも、中国も、ほぼ全世界が同じ道をたどってきた。だからこそいま日本は、本来の日本の伝統である、自然と文明との調和、人間と人間との心のつながりを大切にする血の通った社会を、これまで強欲資本主義が破壊してしまったこと、それが環境問題も、また人間の疎外や格差社会をもたらしていることを再認識することが重要だと思う。

本書を執筆している間にも、集中豪雨をはじめ様々な自然災害が日本を襲っている。私はテレビなどでその映像を見るたびに心が痛むが、同時に、誤解を恐れずいえば、ここには人災とみなすべき面もあるのではないかと思えてしまう。災害対策や国土強靭化のための公共事業を軽んじて「民営化」「自由化」をひたすら優先してきた政策、自然と開発のバランスを無視した急激な都市化などが、これらの災害を引き起こす要因の一部になっていることは否定できないだろう。すべての生物の命はつながっており、人間も自然の一部なのだ。そして、この世界は私たち一人一人の行いによって、保たれもすれば破壊もされるのだという精神は、もともとアジアでは伝統的なものだったし、今でも日本人の心の中には残っているはずである。

強欲資本主義は、欲望と弱肉強食社会、自由競争至上主義といった本質を隠すために「古く非合理なシステムの改革」「規制撤廃による経済の自由化」を常に掲げてきた。しかし、今や世界的に、この「改革」の名のもとに、歴史や伝統が否定され、共同体のなかで弱いものも強いものも同様に守られてきたシステムが崩壊し、必要な保護や秩序までもがいたずらに破壊されている。今は何を改革すべきかではなく、人間社会にとって必要なものを、たとえ一時的に経済的合理性に反しようとも断固守りぬくことこそが優先されなければならないのだ。

西洋で最も早い時点でソ連型共産主義とナチスのファシズム両方の正体を見抜き、戦い抜いたのは民主社会主義者のジョージ・オーウェルである。彼は労働者の権利を守ると共に、郷土愛に基づく穏当な愛国心をたたえ、革命や急激な階級闘争ではなく、秩序を重んじその中での対話を重ねる斬新的な改善による、豊かで平等な社会を目指していた。アインシュタインをはじめ、多くの科学者もそれとほぼ同じ理想を語っている。ガンディーはインドの独立と共に、欲望を自制するアジアの伝統精神を訴え、急激な近代化を批判した。彼らは、私たちの先駆者である。

日本においても、近代資本主義の基礎を作った渋沢栄一が、同時に「経世済民」を唱え、資本主義の暴走を常に警告していたことを忘れてはなるまい。

人間にとって、また社会にとって、公共交通、ガス、水道、電気、そして医療などは、最低限必要なものであり、国家がこれらを公共のものとして管理、全国民に供給することを自らの責任と認識しなければならない。同時に、国家がそのような姿勢を持つことによって、国民も、自らが「生かされていること」、社会の大切さを身をもって知ることができる。コロナ後の日本に必要なのはそのような国家と精神のありかただ。そこには、命の尊さに対する尊敬の念が生まれてくる。これはすべての優れた宗教に根差した文明に共通する意識であり、そこに住まう私たちは、朝目が覚めた時、夜眠りにつく時、一日を生きたことを心から感謝する思いが生まれてくるだろう。世界の真の平和とは、このような一人一人の、生命の尊厳と、それを越えた存在への敬意と信仰の念から生まれてくるはずである。

同時に、コロナウイルスの蔓延する現在も、中国はその侵略と覇権主義を継続的に拡大させている。北は北極から南は東シナ海、南シナ海まで、全世界を支配下に置く野望を実現するための具体的行動を起こしつつあるのだ。

日本の領土である尖閣列島への侵攻、インド軍に対する、専門の格闘訓練を受けた中国人による暴力的攻撃、南米エクアドルのガラパゴス諸島沖合における、約二六〇隻の中国漁船団による海洋資源の乱獲、そして、香港における一国二制度を完全に消滅させ、中国の植民地にすることを目指す香港国家安全維持法の制定。これらの中国の行為をそのまま放置すれば、遠からぬ内に、インド同様に格闘訓練を積んだ中国人たちが尖閣列島に上陸し既成事実を作ろうとするかもしれない。アメリカのポンペオ国務長官が述べたように、世界の民主主義国は中国に対するこれまでの幻想を捨てて、中国共産党と世界は共存できないことを明確に認識すべき時だ。

この本をまとめた理由は、日本もまた一刻も早く、日中友好という美名や幻想から覚醒し、中国に立ち向かう覚悟と政治的決断を持ってほしいと思うからである。かつてのチベット、ウイグル、南モンゴル、そして今の香港のような道を日本がたどらぬためにはただ一つ、中国と闘う決意を持つしかないことを、日本を愛するチベット人として訴えたい。

目次

おわりに　香港国家安全維持法の施行を受けて

付録　チベットは中国共産党に勝利する

第一章　新型コロナウイルスが明らかにしたもの

「有事」意識の欠如した日本

令和二年の幕開け以後、世界中が中国発の新型コロナウイルスに侵され、国家・民族を超えて人類は大きな危機にさらされている。現在、日本でも感染拡大に伴い、東京五輪・パラリンピックはついに一年延期されることになり、正直なところ来年度開催にも疑問が呈されている。この四月七日には緊急事態宣言が発せられた。この強烈な謎のウイルス禍が世界全体で完全に終息するまでは、まだ数カ月から、場合によっては数年を要するという指摘すらある。

しかし、このような危機の時代を迎えているにもかかわらず、日本のメディアを見聞すると、感染者数などの目先の現象だけを重視し、今回の事態から何を学ぶべきかについては深く考えていないように思える。ウイルスそのものの病理的対処の方法については、医師や科学者の専門の領域であり、私には語るべき資格はない。しかし、このウイルスが世界に蔓延したことの背景、さらには、この事態が日本に投げかけた問題については、一人の日本国民として、また、祖国を中国に踏みにじられたチベット人として、語らねばならないことがあると考えている。

まず、私のみならず、多くの日本国民が実感したのではないかと思うが、この事態に対する日本政府の慌てぶりと混迷は、明らかに、有事という概念を日本国が持たないことに原因がある。日本政府が様々な形でこの感染症に対処しようと努力したことは事実である。政府は総額一〇八兆円の緊急経済対策を決定し、国民にそれぞれ一〇万円の現金を給付する、また営業を中止せざるを得なかった商店への支援などの救済策を取っている。

しかし、日本政府の一定の努力は認めた上で、「有事」の概念が不足していることは、例えば「緊急事態宣言」下における「自粛要請」という言葉ひとつにも明らかになっている。自粛を「要請」するというのは、自衛隊が軍隊ではないというのと同じく、言葉の矛盾そのものなのだ。しかし、日本政府は現在のところ「要請」しかできず、「緊急事態」「非常事態」に相応しい制限を行う法的枠組みもなければ、それを制定しようという動きも、今のところほとんど見られない。仮にこの感染症の問題が一定の解決を見たとしても、近年の台風の増加、危険が予知されている地震災害、そして何よりも中国をはじめとする近隣諸国との様々な緊張関係を考えれば、有事のための法的整備はむしろ一刻も早く行われるべきなのだ。

もちろん、罰則も、本来強制力もない「要請」だけで、日本国民が緊急事態宣言発令期間、自発的に外出を控え、感染者を減らすことができたのは、世界でもまれな国民の良識と公共心の表れであったかもしれない。安倍首相もそれを、ロックダウンや外出禁止令などを出さなくても国民のモラルや公共心により感染を防止した「日本モデル」として、国民への感謝の念を示した。しかし、それと、「有事」「非常事態」には、政府が責任をもって国民に一定の「強制」を課さなければならないということは別の問題である。

「有事」の際、強い指導力のもと、一時的に国民の行動や権利に統制を課し、一時的に平時の政治制度の枠組みを変えざるを得ないことがありうるという問題を論じようとすると、戦後日本では常に、人権問題だとか、軍国主義だというレッテルを貼られ、議論そのものにブレーキが掛けられてきた。若い人たちはすでにご存じではないことだろうが、以下の事件は現在も忘れてはならないことなので、ぜひ紹介しておきたい。

一九七八年七月二五日、当時の統合幕僚会議議長だった栗栖弘臣氏が、当時の金丸信防衛長官に解任される事件が起きた。週刊ポストにおいて、現在の自衛隊法には多くの「穴」があって緊急時の行動がとれないことを指摘し、もしも「敵の奇襲攻撃を受けた場合、首相の防衛出動命令が出るまで手をこまねいている訳にはいかず、第一線の部隊指揮官が超法規行動に出ることはあり得る」と発言したことが問題となったのだ。この時、栗栖氏は記者会見で他者を責める発言も自己弁護も一切しなかった。ただ「長官の信を失ったからです。信任を失った以上、辞任することにしました」と述べただけだった。まさに、よく言われる「シビリアンコントロール」の原則を軍人として守り抜いたのだった。

しかし、ここでの栗栖氏の発言は、自衛隊の最高指揮官として当然の発言である。栗栖氏は決してそのような行動を是認していたのではなく、だからこそきちんとした有事法制や緊急事態法を制定してほしいということを訴えたに過ぎない。実はこの発言の背後には、おそらく栗栖氏の戦争体験が深く根差していたのではないかと思う。

栗栖氏は一九四三年東京帝国大学法学部を卒業し、当初は内務省に入省したが、自ら、海軍法務科士官を志願し、南方戦線に赴き、海軍法務大尉として大東亜戦争の敗戦を迎えた。その後もしばらく、現地で戦犯とされた人々の特別弁護人を務め、一九四八年に帰国している。この時栗栖氏は、敗戦時、戦犯裁判がいかに「勝者の論理」で「超法規的」に、しかも、確固たる証拠もなくある種の復讐劇として行われるかを直接体験したに違いない。

その後一九五一年、栗栖氏は警察予備隊に入隊した。朝鮮戦争の最中、一時は日本を徹底的に武装解除しようとしたアメリカ軍は、再び日本にも自衛力、もっと言えばアメリカを支える軍隊の必要性を感じ始めたのだ。そして栗栖氏は、再び敗戦の憂き目を見てはならないという意識のもと、その後編成された自衛隊にて活躍、一九七六年には第一三代陸上幕僚長、一九七七年には第一〇代統合幕僚会議議長に就任した。おそらく日本の戦後防衛の現場をつぶさに見てきた栗栖氏としては、自衛隊員の置かれている立場、憲法と自衛隊の矛盾、ソ連の脅威に対する現場の立ち遅れなどを考え、自衛隊の立場で法的な整備を問題提起しようとしたのだろう。

もちろん当時も、このような問題は本来国会で政治家が論ずべきことであって、自衛隊の最高指揮官が、しかも誤解されやすいマスコミの場で語るべきではないという批判もあった。だが、国会や言論の場で、真摯に防衛問題や有事法制の問題が議論されているのならば、栗栖氏はこのような発言はしなかっただろう。現実の国会では全くそのような問題は議論の遡上にも上らず、マスコミも防衛問題をタブー視していたからこそ、栗栖氏は語らねばならなかったのだ。

だが、結局栗栖氏の発言は右翼だとか軍国主義だというレッテルを貼られて抹殺され、本来責任政党として取り組むべき自民党も、栗栖氏の問題提起を看過するばかりだった。後に民社党（当時）だけが、栗栖氏を自党の候補として選挙を戦う姿勢を見せたが落選、有事法制が法的制度として実現するには、二五年後の二〇〇三年六月、「武力攻撃事態等及び存立危機事態における我が国の平和と独立並びに国及び国民の安全の確保に関する法律」の成立を待たねばならなかったのである。しかし晩年の栗栖氏はこの法案について、具体性に欠け、現場の判断を困難にさせるという批判を語っていたという。

確かに、栗栖氏が問題提起をした時代と現代とは違い、特に東日本大震災など様々な災害における救助活動での活躍で自衛隊は国民の信頼を勝ち得たし、安保法制の改正を通じ、主権国家として当然の権利である集団的自衛権の確立に向けての一歩を踏み出してもいる。安倍首相が自衛隊の憲法への明記を訴えても、依然として強固に反対する勢力はあっても、国民の中に理解する人たちは増えてきた。

だが、いざ国難が現実に迫ってきた時点、国家主権や国民の生命に危機が訪れた「有事」の時には何をなすべきかという意識を政治家が持ち、国民に納得させる言葉を持たなければ、結局今回のコロナ感染症の時のように、本格的な措置は取れず、国家が強制力を行使しない「自粛」「国民の善意と意志」に頼るという政策しか取れなくなるのだ。

たとえば台湾が有効にウイルスの封じ込めに成功したのは、やはりかの国が、常に中国という脅威にさらされて、事実上の「戦時体制」に置かれていたことと無縁ではない。「有事」概念が欠如していることの問題点は、感染症の問題を越えて、日本の様々な分野にも及んでいる。

たとえば、経済対策においても「有事」の概念は必要である。もちろん私も、全国民への現金支給の意義を認めないわけではないし、他にも政府が様々な支援を行っていることは理解した上でのことなのだが、現時点では減税あるいは消費税の廃止を伴わなければ、他の支援の効果は薄いのではないだろうか。消費税とはその税の本質から行って逆進性の要素を含んでおり、このような緊急事態下、仕事を失いかねない貧困層（彼らはパソコンなどの自宅ワークなどは難しい仕事についていることが多いだろう）により大きな打撃を与えるからである。これも「有事」の際、最も必要な対策は何かという発想が根本にあれば、まず消費税について、一時的な引き下げや廃止などを論ずる声が政治家にもマスコミにも、それこそ労働組合や経済界にももっと大きく上がるべきであった。

また、今回話題になったマスクの不足を例に挙げるまでもなく、経済的利益だけを考え、製造業を海外移転してしまったこと、いわゆる産業の空洞化をもたらしたことが、今回の様々な混乱につながったことも事実だろう。日本の経済的繁栄がいわゆるモノづくりによって成し遂げられたこと、さらにこのような有事の際、安全な日本製品を確保できることの必要性を考えれば、製造業の保護も立派な「国防」である。また、食料自給率の増加、国内でのエネルギーの確保、また、今のところそのような事態は起きていないけれども、感染症と同時に台風や大地震のような自然災害が起きる危険性を考えた場合、避難所の充実・拡大なども真剣に準備しておかねばならないだろう。避難所での感染拡大などが起きたらまさに国家の危機が訪れるのだ。いかなる時でも個人の人権を擁護しなければならない、という立場にこだわりすぎれば、国民の生命を保護するという政府の最大の任務の一つが果たせなくなる場合がある。逆に言えば、そのようなときを私たちは「有事」もしくはさらに的確な言葉で「非常時」と呼ぶのであり、日本がその意識と、非常事態に備えるための法的整備がますます必要であることを、今回の感染症は明らかにしたと言える。

「有事」に行われた中国の隠蔽工作の犯罪性

そして中国はこの新型コロナウイルスの国内発症に対し、有事の際にこれも国際的に行うべきではないはずの徹底した隠蔽対策を実施し、国内感染の拡大のみならず、世界への感染を結果的に広めることに手を貸すことになった。今回のコロナウイルスの発祥についてほぼ確実な過程を追っていけば以下のようになる。

二〇一九年（令和元年）一二月八日、武漢市に入院していた肺炎患者が、新型のコロナウイルスによる感染であることが現場で治療にあたっていた医師たちにより確認された。

中国政府の国家衛生健康委員会も専門家を同地に派遣している。中国疾病予防管理センター（ＣＣＤＣ）の発表によれば、この一二月中には人から人への感染が発生していた。ジャーナリストの福島香織氏も、著書『世界は習近平を許さない』（ワニブックス）にて、確実に一二月三〇日の段階では新型コロナウイルスについての科学的な報告が中国政府に届いていたことを指摘している。だが、この時点ですでに中国政府は情報の隠蔽を始めていた。

武漢市中心医院に勤務していた眼科医の李文亮医師は、一二月三〇日段階でインターネットのチャットに、感染者の発生と検査結果を発信「コロナウイルスの感染が確認され、どのタイプかまだ調査中」と指摘した。李医師の発信は、あくまで医療施設内部での感染防止への警告を発したものだったが、この情報は拡散され、李医師自身が三一日、警察に呼び出される。その時のことを李医師は次のように語っている。

「（一二月三一日）一時半、武漢衛生健康委員会で会議が行われ、われわれの病院の医院長に呼び出され事情を聞かれました。夜が明けて出勤した後、再び監察科で事情聴取を受けました。私自身の状況や情報源について、自分の過ちに気がついたかなどの質問をされました」

「その後はまさか警察から連絡が来るとは思いもしませんでした。一月三日、電話が掛かってきて派出所に出向き『訓戒書』に署名するように指示されました」

「署名をしなければこの状況を脱せないと思い、署名をしに行ったのですが、この件については家族にも伝えませんでした」

そしてこの一月一日、当局は「デマを流した」という理由で八名を召喚している。この警察の「訓戒書」に記されたのも、ネットに不正確な情報、デマを流したという内容である。しかし、李医師は署名せざるを得なかったことは認めたが、はっきりと自分はデマを流した覚えはないと宣言している。そして、次の言葉はまさに医師として、若い知識人としての良心を表したものだ。

「人々が真相を知ることこそが大切で、自分の汚名を返上することはそれほど重要なことではありません。正義は人々の心の中にあると思います」

そして李医師は、このウイルスが「人から人へ」感染することを医師としての現場体験から断言している。

「ヒトからヒトへ感染するということは明らかです。一月八日頃、私もこのウイルスの患者の治療を行いました。当時われわれの眼科には閉塞隅角緑内障で入院している患者が一名いました。彼女はその日、体温は正常なのにも関わらず、食欲が無かったんです」

「その頃はわれわれも体の他の部分の不調だとは思っていなかったのですが、眼圧が正常に戻っても翌日はやはり食欲がなく、昼頃には発熱を起こしてしまいました。その後肺部分のＣＴ検査を行うと〝ウイルス性肺炎〟ということが明らかになりました。その他の数値が原因不明の肺炎である基準を満たしていたんです」

「当日彼女の世話をした娘さんも発熱を起こしました。これは明らかなヒトからヒトへの感染です。そこで我々はすぐに医務所とオフィスに報告を行いました。院内の専門医による診察を行い、診察後に我々の科で隔離して治療が出来るようにお願いしたのです」

「三日後、われわれは再び前述の女性にCT検査を実施したのですが、結果はやはり〝ウイルス性肺炎〟でした。更に感染範囲も拡大しており、状況は深刻になっていました。当該患者はすぐに呼吸内科の隔離室に移動させたのですが、その後の状況を私は知りません」

（『東洋経済新聞』二〇二〇年二月七日記事「新型肺炎を武漢で真っ先に告発した医師の悲運」）

残念ながら、李医師自身、この新型コロナウイルスに感染してしまう。「回復したらまた第一線に立とうと思います。現在もウイルスは拡散しているので、脱走兵にはなりたくありません」と語っていた李医師だったが、二月一日に亡くなった。まだ三四歳の若さだった。

メンツを重んじる北京政府は三月になってこの医師の家族に謝罪すると同時に武漢の市長をはじめ、幹部たちを処分したと報じられている。

私はこのような志を持った医師や看護婦が中国の病院現場で数多くウイルスと闘い、患者を守り続けていることを否定するつもりは毛頭ない。しかし、習近平が行ったのは、このような現場の声を封じ込めることだったのだ。

二〇二〇年一月初頭、武漢市では人民代表大会や政治協商会議が予定されていたため、感染の危険性や患者の増加などはほとんど報じられることがなかった。事実上の情報統制である。そして一月一〇日頃から一月二五日にかけていわゆる春節の大型連休が始まり、中国全土で大規模な人口移動が起こるが、この時点ではほとんど中国政府からの警告は発せられていない。

ようやく中国政府が動き始めたのは一月二〇日からである（その前の一月一七日、習近平のミャンマー訪問があったことも、この問題を隠そうとした理由の一つだったと思われる）。李克強国務院総理、習近平総書記は共に、感染阻止、情報開示を言い始め、国営テレビも、人から人への感染の恐れがあるため武漢市への移動は避けるよう放送した。地方政府が感染情報を伝えるようになったのはこれからである。これは習近平という強力な独裁者から処罰を受けることへの恐怖から、各地方の省庁が報告すべき義務を怠っていた可能性もある。かつて旧ソ連においても、チェルノブイリの原発事故がモスクワに伝わるのが遅れ、被害が拡大したという説もあった。だが、ゴルバチョフはそれにより党内改革と民主化への決を固めたが、習近平の場合は全く逆であり、さらなる独裁権力の強化と国内弾圧にすすむことになる。

一月二三日、武漢市の都市封鎖が宣言される。バス、地下鉄、空港、鉄道などすべてが完全封鎖された。どう考えても、この一二月並びに一月の段階における中国政府の対策がもっと適切になされていれば、今回の新型コロナウイルス感染はもう少し全世界的にコントロールできたはずである。

米中対立において「中立」はありえない

五月六日、アメリカのトランプ大統領は「コロナウイルスの感染は、発生源である中国で阻止できたはずなのに阻止されなかった」と批判した。トランプ大統領は誤解されがちな発言も多いが、これに関しては正論であり、国家の責任を問うものである。

アメリカではコロナウイルスの死者はすでに一〇万人を超えつつあり、例えばこれはベトナム戦争における米軍の死者約四万八千人の二倍となる。さらに五月一四日のトランプ発言「ウイルス問題での中国への対応にはいろいろな道があるが、対中関係を全て絶つこともできる」という言葉は、今回の新型コロナウイルス問題に限らない、米中の根本的な対決がすでに始まっていることを示していると言えるだろう。これもまた「有事」の発動なのだ。

しかし、日本ではこの米中の対立について第三者的にただ報道しているのみであり、どこに真相があるかを伝えようとはしていない。これも日本特有の忖度《そんたく》文化なのか、あるいはメディアが真実を追究し報道することを放棄しているように見える。

これはすなわちトカゲの尾を切るようなものであり、メディアはそこを追及し、本来であれば習近平国家主席を頂点とする中国共産党一党独裁が招いたことを世界に伝える責任がある。と同時に、習近平主席は世界に対し、今回の史上最悪のウイルス蔓延に対する謝罪および賠償責任を果たす義務がある。しかし、日本のメディアはここでも「有事」の意識に欠け、「中立」という建前のもと、中国側の発言を両論併記的に報じ、場合によっては彼らの発言をそのまま垂れ流す傾向すら一部にはみられる。

そして、中国政府が行っているのは単なる隠蔽工作ではない。彼らは明確な戦略のもと、新しい時代の戦争「超限戦」に備えているのだ。次章ではその中国の狙いについて解説していく。

第二章　中国の新戦略「超限戦」

アメリカへの責任転嫁？

この新型コロナウイルスについては、当初から、中国の研究所から漏れたものではないかという説がなされてきた。一月二十四日付の『ワシントン・タイムズ』に、安全保障問題を長年報道してきたジャーナリスト、ビル・ガーツによるコロナウイルスについての記事が掲載された。そこでガーツ氏は、ウイルスが発生した武漢には、中国の生物化学兵器の重要な研究施設があり、これらの研究所から新型コロナウイルスが生み出された可能性があると述べた。

同様の主張は、中国研究家のスティーブン・モシャーによってもなされた。モシャー氏は『ニューヨーク・ポスト』二月二二日付に「異様拡散したコロナウイルスは中国のウイルス実験所から流出した公算が強い」と題する寄稿論文を発表した。この論文は、武漢市内にある国立のウイルス研究実験機関の「国立生物安全実験室」（中国語での正式名称は中国科学院武漢国家生物安全実験室）からコロナウイルスが流出した可能性を指摘している。国立生物安全実験室は同じ武漢市内にある「中国科学院武漢ウイルス研究所」（中国の公式名称は中国科学院武漢病毒研究所）の付属機関で、ウイルスでも最も危険度の高いレベル4を扱う研究施設である。

モシャーはこの実験場で働く研究者の衣服や実験動物などを媒介して外部にウイルスが広まった可能性を示唆しており、その間接的な証拠としては、一月段階で生物兵器の専門家剣細菌学者の陳薇少将が武漢に派遣されたこと、中国政府の科学技術省が二月中旬に「新型コロナウイルスのような高度のウイルスを扱う微生物実験室の生物安全保障の強化に関する指令」を出していることなどを挙げている。

もちろん、これは現段階では確認できることではなく、二次情報による推測に過ぎない。二人の研究家も断定はしていない。しかし、現時点でも今回のコロナウイルスが実際にどこで発生したのかはわかっていない以上、武漢の研究施設に対し中国政府が全面的な情報開示を行う責任は確実にあり、それなくして、この研究施設からウイルスが発生した可能性を一〇〇％否定することはできないはずだ。

そして、中国側もさらに馬鹿げた陰謀論を、それも民間人ではなく公的な立場の報道官が行っている。中国外務省の趙立堅・副報道局長は、ツイッターにて三月一二日「武漢に伝染病を持ち込んだのは米軍かもしれない」「アメリカはデータを公開し中国に説明する義務がある」という趣旨のことを書いた。何の科学的根拠もない説を、しかも公的な立場の人間がアメリカに対し発信するのは極めて異例のことだが、軍事ジャーナリストの黒井丈太郎氏によれば、この説の出所は怪しげな陰謀論者（しかも、天安門事件を、暴徒への正当防衛として人民解放軍を支持する）の言説によるものであるらしい。

ただし、このような議論が起きたのには実は背景がある。

二〇一九年一〇月一八日より、第七回国際ミリタリースポーツ評議会（International Military Sports Council ＝ＣＩＳＭ）による「ミリタリーワールドゲームズ」が武漢で開催された。このイベントには、一〇〇カ国超から約一万人の軍人が参加している。これは軍人によるオリンピック競技ともいえるもので、それ自体は各国の栄誉と世界平和を指向するイベントであるが、この大会の前九月一八日、中国政府は、武漢の天河国際空港にて「新型コロナウイルス」が、参加国の外国軍人の荷物から漏洩したという前提での人民解放軍の防疫対策演習を行っていた。しかも、この大会では米軍人五人が原因不明の感染症にかかり一時隔離されたという報道が地元紙『長江日報』からなされている。おそらく後者の事例も、中国政府によって、米軍がこのウイルスを持ち込んだという宣伝に使われているのだろうし、現に一部とはいえ反米系のネットでは米軍兵器説がまことしやかに流れてはいるようだ。

だが、むしろこの事例は、中国当局、しかも人民解放軍内部で、新型コロナウイルスを含む様々な化学兵器の開発、また、同時にそれへの対策が研究されていることを示すものと解釈する方がはるかに自然である。そして、これは今回のウイルスの問題にとどまるものではない。中国の考える戦争の概念が、これまでと全く異なる展開を示していることによるものである。それは、中国の軍人自身が著した『超限戦——二一世紀の「新しい戦争」』（角川新書）に明確に表れている。

『超限戦』における新しい戦争論

『超限戦』は、一九九九年に発表された、中国人民解放軍国防大学教授の喬良と、退役空軍軍人で戦略問題研究センター長の王湘穂共著による、二一世紀に向けての新たな「戦争論」であり、日本では二〇〇一年に共同通信社から翻訳出版された。その当時はそれほど話題にはならなかったが、本書は、オサマ・ビン・ラディンの九・一一テロを預言したものとして再評価され、二〇二〇年に角川新書から再発行されている（著者肩書はその新書からのもの）。

著者は最新書における序文にて次のように述べている。

新しいテロリズムは、二一世紀の初頭、人類社会の安全にとって主要な脅威となるだろう。その特徴は、戦術レベルの行動によって戦略レベルの打撃を与え、震撼させることだ。

（中略）彼らは行動が秘密なために隠蔽性が強く、行為が極端なために広範囲の危害をもたらし、無差別に一般人を攻撃することによって、その異常さ、残忍さを示している。これらはすべて現代のメディアを通じてリアルタイムに、連続的に、高い視聴率で宣伝され、その恐怖の効果を大いに増幅する。(『日本語版への序』より)

これはもちろん、直接的には九・一一テロや、その後のイスラム原理主義者のテロリズムなどを指している。だが、まずここで忘れてはならないのは、九・一一テロを中国政府がいかに利用したかという点だ。

九・一一テロ後、世界が「テロとの戦い」を宣言した時期、中国政府は新疆ウイグル自治区におけるウイグル人たちの抵抗運動を「東トルキスタン・イスラム運動」という、「テロ組織」によるものと宣伝した。本書の読者には言うまでもないことと思うが、もともと新疆ウイグル自治区は、私の故郷チベットと同様、そこに住むウイグル人たちの国家「東トルキスタン」であり、同地を中国政府は事実上の植民地支配を行い、資源を略奪するだけでなく、ウイグル人たちの伝統信仰であるイスラム教を事実上禁じ、言語や文化をはじめとする民族のアイデンティティを奪うとともにウイグル人たちを弾圧し続けている。これに対し、当然の権利として民族自決権の確立や、中国の現憲法でも承認されている最低限の自治権を護ろうとするウイグル人の抵抗を、中国政府は「テロリズム」とみなし、秘密組織「東トルキスタン・イスラム運動」による「無差別に一般人を攻撃」する「異常さ、残忍さ」を持ったものと悪宣伝し、残念ながら一時期アメリカをはじめとする多くの諸国はそれを追認し、ウイグルでの弾圧は正当化されたのだ。つまり、まず同書は、中国政府がウイグルをはじめとする国内の各民族の抵抗運動をどのようにみなしていたかを逆説的に明らかにしている。

しかし、この点は本書のごく一面にすぎない。同書の本質は、テロリストのみならず、グローバリズムとＩＴ化という大きな時代の変貌、科学技術の発展が、戦争というものの性格を全く変えてしまうことを提示することにある。さらに言えば、その「新しい戦争」において勝利するために、中国政府がいかに新たな軍事展開を考えているかを自ら表現していることにあるのだ。

例えば同書の記述は、第一部「新戦争論」で早くも重要な問題を提起している（なお、冒頭に「国は大きくても、好戦的であれば必ず滅亡する。天下は安定していても、戦争を忘れると必ず危険が生ずる」という司馬穣苴《じょうしょ》の印象的な言葉が引用されている)。

ここで著者は、湾岸戦争以後、戦争のハイテク化が進み、グローバリゼーションがそれに拍車をかけていることを説明した上で、「戦争の顔」がどんどんあいまいになっていること、あらゆるメディアにおける情報伝達やネットにおけるハッキングすら「戦争」として行われることを指摘する。この指摘自体は全く正しいが、それは同時に、中国でも、また北朝鮮においても徹底的に訓練された技術者によるハッキングや情報操作部隊を展開している事実を見れば、まさに中国こそこの湾岸戦争からよく学んだのだ。

そして、総論として、二一世紀の戦争は、実際の戦場での兵士と兵器の衝突のみならず、ネットを含むあらゆる世界を同時に戦場とする『超限戦』であるとまず提起する。


すべての境界と限度を超えた戦争、簡潔にいえば超限戦である。

この呼び方が成立するなら、このような戦争では、あらゆるものが手段となり、あらゆるところに情報が伝わり、あらゆるところが戦場になりうる。すべての兵器と技術が組み合わされ、戦争と非戦争、軍事と非軍事という全く別の世界の間に横たわっていたすべての境界が打ち破られるのだ。また、これまでの多くの作戦原則が修正され、ひいては戦争に関わる法則さえ改正の必要に迫られるだろう。(『超限戦』角川新書版)

この指摘は、日本語版序文の中でさらに明確に述べられている。ここでは、ビン・ラディンの九・一一テロが例に挙げられているが、全く同じ手段を、中国という国家が行っても全く不思議ではないのだ。

われわれは、ハッカー組織が仕掛けるネットテロや金融投機家たちが引き起こす金融テロなど、その他さまざまなテロリズムに直面するだろう。
(中略)こうしたテロリストは、ハイテクがもたらした便利さを充分に利用して、彼らの手の届くいかなるところをも、血なまぐさい、あるいはそれほど血なまぐさくない戦場に変えることができるのである。ただ一点変わらないのは、恐怖である。しかもそれは神出鬼没で、忽然として形のない恐怖である。どの国もこのようなテ

ロに対して、いちいちそれを防ぎようがない。（『超限戦』角川新書版）

ここで使われている「恐怖」こそが重要な言葉である。もともと「テロ」の語源は、ラテン語の terrere（テラー）、恐怖という意味から来ており、テロリズムとは恐怖を与えることによって人間を支配することなのだ。その意味で、戦争以上に、今回の新型コロナウイルス感染のように「神出鬼没で、混然として形のない」ものを操ること、それによって社会をパニックに陥れ、恐怖で人間のあらゆる活動（商業活動だけではなく、集会や会議すらも避けるようになる）を停滞させてしまう事、これもまさしく『超限戦』なのだ。

そして本書が特に強調することの一つは「非軍事の戦争行動」である。本来は戦争とまったく関係のないものが、現在は全世界で「戦争」「テロ」として繰り広げられているのだ。本書は具体的に以下の例を挙げている。要約しつつ紹介していく。

貿易戦　とりわけアメリカ人は、貿易戦を名人芸のように、思いのままにもてあそんでいる。国内防疫法の国際的運用、関税障壁の恣意的な設定と破棄、手あたり次第の経済制裁、カギとなる重要技術の封鎖、スーパー三〇一条、最恵国待遇などなど、枚挙にいとまがない。こうした手段が生むどの破壊効果一つを取っても、軍事行動に劣るものではない。（『超限戦』角川新書版）

ここで著者らは、経済制裁を明確に戦争と結びつけて考えている。実はそれ自体は決して間違いではなく、経済制裁とは経済という武器を駆使して相手国に打撃を与える形を変えた戦争だ。そしてこの貿易戦という概念は、現在の米中関係に正に当てはまる。

二〇一八年七月、アメリカが中国から輸入される八一八品目に対して三四〇億ドル規模の追加関税措置を発表し、中国もまた同様に報復関税を発動した時に、中国商務省は「史上最大の貿易戦争を（アメリカが）仕掛けた」と非難した。トランプ大統領はこの時点で、以下のようなツイートを残している。

「貿易協議で米国を不当に扱ってきた国は、公平な協定を結ぶか、さもなくば関税を食らうことになる」（二〇一八年七月二四日のツイッター）

これに続いて起きたのが、ペンス副大統領がハドソン研究所で一〇月に行った激しい中国批判である。ここで副大統領は、日本の尖閣列島や南シナ海への露骨な覇権主義、国内の民主化運動への弾圧、各民族への迫害などを強調しているが、まず最初に述べたのは、中国の経済上の不正行為を批判することだった。

過去一七年間、中国のGDPは九倍に成長し、世界で二番目に大きな経済（大国）となりました。この成功の大部分は、アメリカの中国への投資によってもたらされました。また、中国共産党は、関税、割当、通貨操作、強制的な技術移転、知的財産の窃盗、外国人投資家にまるでキャンディーのように手渡される産業界の補助金など自由で公正な貿易とは相容れない政策を大量に使ってきました。

中国の行為が米貿易赤字の一因となっており、昨年の対中貿易赤字は三七五〇億ドルで、世界との貿易赤字の半分近くを占めています。トランプ大統領が今週述べたように、大統領の言葉を借りれば、過去二五年間にわたって「我々は中国を再建した」というわけです。

現在、共産党は「メイド・イン・チャイナ（Made in China）二〇二五」計画を通じて、ロボット工学、バイオテクノロジー、人工知能など世界の最先端産業の九〇パーセントを支配することを目指しています。中国政府は、二一世紀の経済の圧倒的なシェアを占めるために、官僚や企業に対し、米国の経済的リーダーシップの基礎である知的財産を、あらゆる必要な手段を用いて取得するよう指示してきました。

中国政府は現在、多くの米国企業に対し、中国で事業を行うための対価として、企業秘密を提出することを要求しています。また、米国企業の創造物の所有権を得るために、米国企業の買収を調整し、出資しています。最悪なことに、中国の安全保障機関が、最先端の軍事計画を含む米国の技術の大規模な窃盗の黒幕です。そして、中国共産党は盗んだ技術を使って大規模に民間技術を軍事技術に転用しています。

（ペンス副大統領演説：全文翻訳】「中国は米国の民主主義に介入している」（「海外ニュース翻訳情報局」）

ここでペンス副大統領が述べているのは、アメリカをはじめ諸国は中国の経済発展のために様々な援助を行ってきたというのに、それによって巨大化した中国は、国際間の経済ルールを守らず、しかも他国の知的財産を奪うことによって世界経済や先端産業を独占支配しようとしている、それは中国が国内で行っている人権弾圧や独裁政権と同じ構造を持つものだ、と主張しているのである。「日米経済戦争」は単なる貿易上の対立のみならず、アメリカと中国の両体制間の、価値観をめぐる戦争となっているのだ。

しかし残念なことに、日本の経済界、言論界では、日米の経済的対立をこのような「戦争」としてとらえる視点がいまだに薄い。あくまで一つの例として挙げるが「トランプ氏が仕掛けたような二国間で関税をかけ合う貿易戦争は、貿易量の縮小につながり、合理的ではない。経済のパイを拡大するために貿易は不可欠なものであり、自由貿易のメリットは大きい」「日本政府は、米国とも中国とも良好な対話ができる立場を生かし、新たな国際貿易の枠組みを模索していく必要がある」（黒川茂樹「米中経済戦争に勝者はいるのか」二〇一九年八月二日『読売ウィークリー』）のような言説がむしろ「中立」のものとして受け入れられているのではないか。経済が政治とは切り離されている時代であれば、このような議論は成立するだろう。しかし、少なくとも中国側は、貿易もまた「戦争」であると捉え、トランプ大統領もそれに「応戦」しているのである。戦場において、日本が完全な「中立」を目指すことなどできないことは第一章でふれたが、特に、尖閣列島への連日の領海侵犯という現実的な危機にさらされている今、日本が「中立」を守ることは事実上尖閣を手放すことになりかねないのだ。

このことは今年（二〇二〇年）五月二九日、トランプ米大統領が関税およびノービザ入国を含めた香港に対する優遇措置を撤廃すると宣言したことでさらに明瞭となった。これは勿論、中国が全国人民代表大会（全人代）で香港国家安全維持法を制定したことへの抗議であり「経済制裁」の一環である。同時に米国の科学技術保護のために、中国軍に関連する留学生の入国を遮断することも示唆しており、経済、貿易、留学などすべてにおいて、米中の戦争は始まっているのだ。

そして、超限戦の恐ろしさは、次の「新テロ戦」についての同書の記述が最も明確に示している。

新テロ戦

（新テロ戦は）暴力的色彩を（従来のテロリズムより）より濃厚に持ち、しかも例外なくその行動においていかなる伝統社会のルールにも束縛されない。その軍事的特徴は限られた手段をもって無制限の戦争を行うことである。

こうした特徴ゆえに、一定のルールに従って行動し、無限の手段を持っていながらも限度のある戦争しかできない国家は、戦闘開始の前から不利な立場に立たされる。何人かの乳くささの抜けない少年たちで構成するテロ組織が、なぜアメリカのような強大な国さえ悩ませ、しかも牛刀で鶏を殺すような方法で処理しようとしても効を奏さないかの原因はここにある。（『超限戦』角川新書版）

超限戦とは、これまでの戦争に対する国際的なルールを全て超越したところで行われる。しかし攻撃を受けた側の国家は、国際法規を守らねばならない以上、彼らに対し有効な反撃をなし得ない。

本当に恐ろしいのは、テロリストとスーパー兵器になりうるハイテク技術の遭遇である。そのような先行きはすでにその端緒を見せている。オウム真理教徒は東京の地下鉄で毒ガス『サリン』をまいたが、その恐怖は実際に出た死傷者の数をはるかに超えている。この事件は、現代の生物化学技術が、既に人類の大規模消滅を企てるテロリストのために格好の凶器を提供したとの警鐘を鳴らしている。(『超限戦』角川新書版)

一九九五年の地下鉄サリン事件は、オウム真理教のような、おそらく信者全てを合わせても数千人、実際にサリン製造やテロ実行に関わった人間はまたさらに少ない集団ですら、一定の経済力と組織力、秘密保持の能力を持てば、ある種の「都市ゲリラ戦」に等しい事態を引き起こすことができることを明らかにした。逆に言えば、世界中のテロ組織はあの事件から様々なアイデアを引き出したにちがいない。そして、ここが重要なのだが、日本の警察組織がオウム事件を未然に防ぐことができなかった理由の一つは、非合法活動も辞さない、しかも閉鎖的な秘密組織に対し、警察は合法の範囲内での調査や逮捕しかできなかったからである。近代国家は法治の原則があり、それを越えた行為は原則的に行ってはならない。しかし、テロリストはそのルールを簡単に乗り越える。

そして、さらに恐ろしいのは、中国という、現時点では国際法を護る意志を全く感じさせない大国が、テロリストやテロ組織とは比べようもない、世界でも有数の軍事力を有しているという現実である。中国政府が仮に「超限戦」を選択すれば「現代の生物化学技術」を使った敵対国への「大規模消滅」作戦を、それも秘密裏に行うことが可能なのだ。

今回、新型コロナウイルスを生物兵器のように断定する証拠はなく、科学者でもない私は勿論判断できるはずもない。ただ、この「超限戦」において、中国の軍事エリートたちがすでにこのような発想を抱き、様々な危険な分野における科学技術の軍事転用を図っていることは確実である。そのことへの恐怖がウイルス生物兵器説を生んだのであり、大切なことは、今回新型コロナウイルスについての隠蔽工作を行った責任の一環として、中国の研究施設をその安全性を含めて国際的な機関がきちんとチェックすること、それを中国政府に受け入れさせることであろう。「無法国家」中国を二一世紀の「超限戦」の主役にしてはならないのだ。

第三章　香港国家安全維持法は香港への軍事弾圧

香港弾圧法としての「香港国家安全維持法」

第一章では、日本が「有事」の概念を持たずにいることに触れたが、中国政府はある意味、この新型コロナ感染症を国内で発症させておきながら、逆にそれを悪用する形で、さらに覇権主義を強めている。中国政府の発想では、自らに非がある時にそれを認めて謙虚になるのではなく、むしろ、事実を隠蔽し、さらに他者に向けて強硬な態度に出ることで事態を乗り切ろうとするのだ。

まず、最近の中国による尖閣諸島への領海侵犯は、覇権主義と侵略の意志を露骨に表したものだ。今年五月初めには、中国海警局の公船が、日本漁船を三日間も追い回す事件が発生している。この背後にあるのは、日本政府が新型コロナウイルス対策などで忙殺されていることと、その影響で米軍の行動も鈍っていると中国が判断したことだが、これは日本固有の領土・領海への侵略と共に、日本漁民の生命と人権が脅かされた事態なのである。

実は中国がこのような行為に及んでいるのは日本だけではない。インド国境線上でも現在中国は軍を動員して緊張を高め、台湾に対しても強圧的な姿勢を示し、香港においても国家保全法を制定して事実上一国二制度を破棄した。

中国は世界に大きな影響を与える事件が起きた時に、すかさず侵略の行動を起こす。一九五〇年、中国はわがチベットに対し「中国はチベットを『解放する』」と宣言して武力侵攻を始めた。これは当時、朝鮮半島における緊張が高まっており（戦争勃発は六月）、アメリカがそちらに準備せざるを得ない状態にあることを計算した上での行動である。そしてこの新型コロナウイルス感染症に世界が全力を尽くしている今、中国は香港、台湾に対する覇権主義を鮮明にしてきたのだ。

勿論、香港市民もこれに抵抗している。五月二五日、香港では大規模デモが発生し、この法制に抗議している。香港民主化運動家、黄之鋒氏は「私が国家安全維持法に違反したとしても戦い続け、国際社会に支持を呼び掛ける」「我々はこの法を退けなければならない」

と訴えていた。

この日、インターネットには、一万人近いとすら言われた警察部隊が、催涙弾やスプレー、放水車からの激しい水などをデモ隊に浴びせ、若い女性を含むデモ隊を強引に逮捕する画像や動画が多数アップロードされた。二百数十人が逮捕されたという。

アメリカでは反トランプ政権のリベラル派マスコミとされる『ニューヨーク・タイムズ』でさえ「香港を抑制しようという中国の動きが、何故始まりに過ぎないのか」という記事にて「中国の今回の試みは衝動的な行動ではなく、数カ月に渡って準備された意図的な行動」であり「全世界が新型コロナウイルス感染症の大流行の対処に気を取られている間に、中国が最近隣接国家を相手に経済的、外交的、軍事的な力を誇示している」と批判している。

ここで、故郷チベットを侵略され失ったチベット人としての立場から述べておきたい。中国共産党は政権を奪取する以前から、諸民族の自治権を認めると宣言していた。これはソ連のような民族連邦制を取り、自治権、また民族自決権（つまり連邦からの離脱・独立）を認めるという姿勢であり、初期のチベットやモンゴルの民族運動家の中にはそれを信じた共産党支持者もいたのである。そして、国民党との内戦時、中国共産党は各民族を自分の味方につけるために同様のスローガンを掲げ続けたが、共産党が勝利して独裁権力を握って以後は、そのような姿勢はかなぐり捨て、民族自決権どころか、その自治すらも認めないようになった。

そして、今香港問題の中心をなしている一国二制度とは、もともと、一九五一年にチベットと中国との間に結ばれたものなのだ。前述したように、既に中国軍がチベットに侵攻、その軍事的圧力をかけられた状態で結ばれたものである。

一九五一年四月、当時のチベット政府は五人の代表団を北京に派遣し、チベットと中国政府との交渉を始めようとしていた。この代表団はあくまで交渉が原則で、その場でチベットの国家的運命に関する責任を持っていたわけではない。しかし、中国側は北京で明確な条約に締結することを強く求め、最後には脅迫を伴いつつ「これが最後通牒である」と迫った。本国チベット政府との連絡も許されない中、五月二三日に条約に代表団はサインを受け入れる（まったくの偶然に過ぎないが、香港国家安全維持法も同じく五月に制定に向かった）。拒否すればチベット全土に武力侵攻が行われ、首都ラサをも危機に陥ることを中国側から示唆され、代表団は他に選択の余地もなかったのだ。これが「中央人民政府とチベット地方政府のチベット平和解放に関する協定」であり、全一七条からなるため一七条協定と呼ばれる。

この協定前文には、その目的が次のように記されていた。

「中央人民政府は、中華人民共和国の領土と主権を統一し、国防を維持し、チベット民族とチベット人民を開放し、中華人民共和国の大家庭に復帰させ、国内における他の各民族と同じく民族平等の権利を持たせ、その政治経済、文化、教育の事業を発展させるため」（一七条協定）

そしてその内容では、チベットの伝統的な政治制度を変更しない、ダライ・ラマやパンチェン・ラマの地位・職務・権限に干渉しない、などの保証がなされ、またチベットには自治権を与え、宗教と伝統を尊重し、また、内政改革についても、チベット指導者の意見を入れて強制はしないことが記されていた。これによってチベットは事実上独立を奪われる。そして、中国側はこの制度を守るつもりなど全くなかった。この年の秋にはラサを含むチベット全土に中国軍が駐屯し、チベット政府がこの協定の破棄や修正を求めようとしてももはやそのすべはなかった。その後、一九五九年、ダライ・ラマ法王が中国軍に拉致されそうになり、怒った民衆が蜂起、法王のインド亡命と、中国軍によるチベット人大虐殺が行われる。この後のチベットは中国の完全な植民地となる。

チベット弾圧や天安門と同じことが香港でも起こる

この一七条協定と一国二制度が、侵略を正当化するための形式的なものに過ぎなかったことを体験によって知っていた私たちチベット人の多くは、だからこそ香港の将来に危機を当初から感じていた。しかし、イギリスをはじめとする国際社会は、経済的に繁栄すれば、国際規約を尊重するようになるだろうという誤った期待を込めて、中国の香港返還を認めただけではなく、その後の香港市民への弾圧に対しても充分な抗議の姿勢を取らなかったのである。そして、一九九七年の香港返還以後、五〇年間にわたって約束されていたはずの一国二制度は、今回の香港国家安全維持法でとどめを刺された。

この法案で、中国政府は全人代という、共産党独裁体制下の形式的な最高機関の場において（時々日本の報道では、全人代を「日本の国会にあたる存在」であるかのように解説することがあるが、全人代は共産党の決定をそのまま追認する形式的な機関にすぎない）香港の市民運動を、中国の「国家の安全保障」上の大問題として「香版国家安全維持法」を制定することを表明したのである。香港国家安全維持法が中国政府の弾圧姿勢を明確に表したのは、香港での議会を通すことなく、全人代つまり中国共産党が直接制定したことだ。本法案の「全人代常務委員会に香港で国家の安全を守るための法律を制定する権限を与える」という一文は、中国の公安機関が直接香港にて取り締まり活動を展開することをも可能にしている。これは明確な一国二制度の否定であり、香港がいつでも「天安門事件」化することを意味するのだ。

これまでも香港行政府が中国寄りであることはたびたび批判されてきたが、それでも中国政府の干渉を遠ざけるための最低限の役割は果たしてきた。しかし今回の香港国家安全維持法が通れば、中国政府は自らの意志で香港に警察や、場合によっては軍隊を派遣することも可能になりかねないのである。これは、昨年問題となった逃亡犯条例よりもはるかに深刻な問題である。

そして、今回の香港国家安全維持法は、以下の四点が犯罪としてみなされる。

（一）分離独立行為（中国からの独立）
（二）反政府行為（中国政府の弱体化を目指す行為）
（三）テロ行為
（四）香港に干渉する国外勢力による活動。

何れも、中国政府の恣意的な判断によっていくらでも拡大解釈される内容である。昨年からの香港における民主化運動と大規模なデモによる抗議活動に対し、中国政府やその支配下にあると思われるメディアなどは、この運動が外国勢力や「国家分裂主義者」が扇動したり影響を与えていると宣伝したりし「中国の内政問題」に関与するなと批判してきた。今後、香港での運動は確実に（一）（四）の双方に当たるものとして弾圧の（しかも、法的に正当な）対象となる。

これも、チベット人からすれば大変わかりやすい構図だ。中国がチベットを侵略し支配下に置く時の建前の一つが「外国勢力のチベットからの一掃」だったのである。一九五〇年代当時、チベットに外国人など数えるほどしかいなかったにもかかわらずそのような宣伝がなされ、現在の香港民主化運動をまるで外国が動かしているように宣伝するのは、まさに大弾圧に至る前触れなのだ。

同時に、国際的な香港市民への支援や激励が、すべて「外国勢力の扇動」「内政干渉」とみなされたり、昨年もしばしば見られた暴力的な弾圧や、どう見ても暴力組織としか思えない集団の市民への暴行に対し、もし市民側が抵抗すれば、その全てが「テロ行為」とみなされたりしてしまう危険性も高い。これも、チベットへの国際的な支援運動が同じようにみなされ、民衆の抵抗運動や、二〇〇八年の北京オリンピックへの抗議がまるでテロ集団の行為のように中国側が宣伝したことも記憶に新しいことだ。香港の自由と民主主義は、既に風前の灯であり、最悪の場合は市民への大弾圧、天安門事件のような虐殺すらありうるのである。

だからこそ、五月二八日「香港国家安全維持法」の制定方針が採択されたことに対し、トランプ大統領は香港への優遇政策の撤廃を宣言し、「この法律が香港や中国、世界にとって悲劇的」と発言したのだ。また、アメリカ、イギリス、オーストラリア、カナダなど民主主義国四国が共同声明を発表したのだ。この声明では、国家安全維持法を中国政府が香港立法府を通すことなく直接施行することの危険性、これまでの香港の自治や経済的発展への脅威、国際的な条約への違反などを批判し、香港市民との対話を要請している。

そして、国際社会においても、この香港国家安全維持法に抗議する政治家の署名運動が広がりつつある。日本でも超党派で国会議員数十名が署名していることは心強い限りであるが、残念ながら日本政府からは明確な中国政府の声は聞こえてこない。そして、現在のところ政党として中国政府の様々な弾圧や日本への主権侵害を批判しているのは日本共産党のみである。私は祖国を中国共産党に踏みにじられた人間として、共産主義には共感しえないが、この点では日本共産党を評価するし、何よりも、保守やリベラルを名乗る各政党、そして自由民主主義の側に立つはずの日本政府が中国の行為に明確に抗議することを避けることが残念でたまらない。

そして、例えば北朝鮮のような独裁国家は、直ちにこの香港国家安全維持法を支持する声明を発表している。北朝鮮の外務省代弁人は、五月三〇日、朝鮮中央通信社記者の質問に答える形で「香港では中国の『一国二制度』原則と国家の安全を脅かす重大な情勢が生じており、これは社会主義国家のイメージに泥を塗り、社会的混乱を助長、拡大して中国を分裂、瓦解させようとする外部勢力とその追随勢力の陰謀の所産である」「香港問題は徹底的に中国の内政に属する問題として、いかなる国や勢力もそれに対してとやかく言う権利はなく、朝鮮は香港の安定と社会経済発展を阻害する外部の干渉行為に断固反対、排撃する」と述べていることが、朝鮮総連の新聞『朝鮮新報』により報じられている。

おそらくこれからも、独裁国と民主主義国の間で、中国の香港政策への支持・不支持が明確に表れていくだろう。日本政府がこの問題に対し、例えば二階自民党幹事長のように「他国の政治活動についてとやかく意見を言うことは適当でない。慎重に見守っていくということでいいのではないか」(六月一日記者会見発言)などという立場でよいはずがない。

香港の次は「台湾」だ!

香港のほかに、台湾における軍事的緊張も急速に高まりつつある。

トランプ政権は五月二二日までに、総額一億八〇〇〇万ドル規模の台湾向けの武器輸出を承認したことを明らかにした。米国防安全保障協力局によれば、国務省の承認を受けて台湾に対しては誘導魚雷や関連機器の輸出が可能になるとのことで、当局はこれを、地域の脅威に対する抑止力となるだろうと発言している。どう考えても、中国の脅威に備えるためのものである。この他にも、F16戦闘機や戦車、対空ミサイルなどを含む総額一〇〇億ドル規模の台湾向け武器輸出が承認されている。

もちろん中国は猛烈に反発しており、中国外務省の報道官は二一日「中国は米国の台湾向け武器輸出に強く反対しており、米国に対し正式な抗議を行った」と述べ、これは「一つの中国」原則への違反であり「米国が台湾に武器を販売すると発表した事は、中国の主権と安保を侵害し、台湾海の平和と安定、米中両国関係発展に被害を与える」「中国軍は国家主権と領土を守るため、必要とされるあらゆる措置を取る」と反論した。

アメリカの武器輸出の背景には、選挙に勝利した台湾の蔡英文政権が香港を明確に支持していることへの中国政府の怒り、そして、台湾への軍事的行為の意志を中国政府が示し始めたことがある。

前回の台湾総統選挙では以前から不利が伝えられていながら、むしろ香港での市民運動の高まりによって中国への脅威や親中派政権誕生の危険性を意識した台湾国民の意識の変化によって勝利した蔡英文総統と台湾政府は、継続して香港市民への支持を表明し続けてきた。さらに、今回の香港国家安全維持法制定に対し、対中政策を所管する台湾の大陸委員会は「民意を無視し、野蛮なやり方で香港の自由民主と法治を著しく傷つけた」として中国共産党を非難するばかりではなく、今後の香港からの政治難民を受け入れるための体制を作ることすら表明している（台湾は香港、マカオからの政治難民を保護することが法的に定められており、これまでも多くの運動家を保護してきた）。

一連の台湾の香港支持の姿勢に対し、中国側も従来の態度を変えつつある。

まず、中国が新型コロナウイルス感染の時期にも、尖閣諸島のみならず、台湾を標的したとしか思えない軍事演習をやめようとしない。三月二四日、台湾の蔡英文総統は、「世界が深刻な新型コロナウイルス感染症のパンデミック対策に取り組む中でも、台湾周辺における中国の軍事活動は止むことなく続けられている」とツイッターで記した。実際、台湾国防部の発表によれば、二〇二〇年一月からこの三月段階で、中国人民解放軍はすでに台湾の領土付近で軍事演習を四回実地するという圧力と脅迫を行っている。

中国の李克強首相は五月二二日、全国人民代表大会で政府活動報告を行ったが、台湾との「再統一」に触れた部分でこれまで通例として付与していた「平和的」との文言を削除している。これは単なる文言の問題ではない。香港を支持する台湾に対する明確な圧力行為である。

実はここ四〇年、つまり改革開放政策が始まって以後、中国政府は台湾との関係を語る時には必ず「平和統一」という言葉を語ってきた。習近平の国内での弾圧政策が文化大革命時代と同様のひどいものであることがよく論じられるが、対台湾問題においても、彼は文革時代、いや正確に言えば中華人民共和国建国以来の本来の伝統である「人民解放軍による台湾『解放』『統一』」を目指しているのかもしれないのだ。

また、中国人民解放軍統合参謀部の李作成参謀長は、五月二九日、中国は台湾問題を解決するために平和的手段と軍事手段の双方を備えておく必要があるとの考えを示したことが『ニューズウィーク日本版』にて報じられている。ここで李参謀長は、台湾との「平和的な再統一」の機会が失われる場合、人民解放軍は領土の完全性を確保するためあらゆる手段を用いると述べた。

実は、この中国による台湾武力侵攻の意志、「解放統一」への意志は、習近平により既に以前から示されている。ここでも、香港、そしてチベットにおける「一国二制度」の論理が使われているのだ。

実際、習近平国家主席は二〇一九年一月二日の北京での演説で、「一国二制度」による「平和統一」を台湾に強く迫っている。ここで習近平は、台湾における信仰の自由、市場経済と私有財産権などを保障した上での「一つの中国」を実現するための、台湾の各党派との対話により具体的な政治プロセスの実現を呼び掛けている。しかし同時に習近平は「武器の使用は放棄せず、あらゆる必要な措置をとる選択肢を残す」と述べ、「外部勢力の干渉や台独（台湾独立）分子」に対しては武力行使を辞さないとし、トランプ政権を直接名指しはしなかったが「台湾問題は中国の内政で、中国の核心的利益と民族感情に関わることであり、いかなる外部の干渉も許さない」と述べている。

ここで習近平の語った「平和統一」は、仮に二〇二〇年一月の台湾総統選において、蔡英文が破れ、より親中的な台湾政権が誕生していれば、おそらくそのまま使われていたのではないか。しかし、蔡英文は中国に対する徹底した対決色を示したことで多くの支持を得て当選した。それ以後「平和」という言葉が台湾を語る際に消されていることは何か象徴的である。そして、ここでも「一国二制度」が語られているが、それが一九五一年のチベット、現代の香港、そして未来の台湾に対する中国の侵略の先触れとして一貫して使われていることは明らかであろう。

そして、中国による実質的な軍事行動計画演習が今年夏に行われるという情報が共同通信により伝えられている。中国人民解放軍が、八月に中国南部・海南島沖の南シナ海で、台湾が実効支配する東沙諸島の奪取を想定した大規模な上陸演習を計画しているというのだ。

東沙諸島は、中国海軍の基地がある海南島から、台湾南方のバシー海峡を経て太平洋へ向かう重要な海上ルートでありここを中国政府が抑えるようなことがあれば南シナ海における中国軍の行動はより無法なものとなるだろう。中国初の国産空母「山東」も海南島の基地に配備されていると伝えられ、この軍事「演習」は単なる演習ではなく、実質的な台湾侵略並びに中国の海上覇権の制覇になりかねない。以前の馬英九国民党政権時代はこのような強硬な演習は行わなかった中国が、いよいよ牙をむき始めているのだ。

新型コロナウイルス感染症によって中国が弱体化したとか、崩壊の危機にあるという分析も様々になされている。もちろん、中国国内の矛盾は高まり、経済も今回の感染症で失速していることは事実だ。しかし同時に中国政府は、本章で述べたような覇権主義をますます強めていることも確かなのだ。そして、北朝鮮のみならず、アフリカなど世界のいくつかの独裁国の指導者が、中国を「独裁体制でありながら経済発展した国」として評価し、また軍事・経済支援を受けており、中国が彼らを束ねると共に、国際機関に対しても支配力を強めていることも事実なのである。

中国政府の世界覇権獲得への欲望と戦略は、コロナ以前、コロナ以後で基本的には何の変化もなく一貫したものである。次章ではその本質と共に、中国国内における民族弾圧の実態を通じて、中国の「覇権下」に入った世界がどのような悲惨なものであるか、そして日本国がどのような態度を取るべきかを述べていきたい。

第四章　変わらぬ中国の覇権主義

覇権国家アメリカの始まりと終わり

国際政治学に、覇権安定論（Hegemonic Stability Theory, ＨＳＴ）という理論がある。あえて単純化してしまえば、国際社会は、ある一つの支配的な大国が存在した時、つまり、覇権国家が存在した時に、最も安定したシステムになるという説である。覇権国は軍事力のみならず、高い技術と強い経済力、影響力を維持するためのソフトパワー、また他国を説得し従わせるだけの外交力など、総合的な国力が必要である。第二章で紹介した中国の「超限戦」の概念はここに根差しており、今後の覇権国家は軍事力とＩＴをはじめとする科学の最新技術が合体しなければならないという現実をも反映しているのだ。

しかし、いかなる強大な国家であれ、永遠にある国家が覇権国家であり続けるということはあり得ない。そして人類の歴史に於いては、覇権国がその力を失い、自らその位置を降りて、新興国家が新たな覇権国になるケースよりも、衰えた旧覇権国家と、覇権を目指す新興国家との間で、激しい競合や場合によれば戦争が生じ、その結果覇権国家が交代するというケースの方がはるかに多いと政治学者たちは指摘している。

二〇世紀の後半は、ある意味、アメリカが確かに覇権国家であった。特に、レーガン政権時代のソ連・東欧における共産主義体制の崩壊は、平和的な形での独裁体制の民主化という意味では歴史的な成功例の一つともいえるかもしれない。そして完成したアメリカの一極支配こそが、ある意味、アメリカの覇権国家としての終わりの始まりを意味してもいたのだ。

アメリカ的な民主主義の勝利、もっと言えば消費資本主義の勝利を、アメリカは世界中どこにでも通用する政治・経済システムだと過信し、各国の置かれている経済状態や歴史伝統を踏まえずして押し付ける傾向や、友好国や同盟国との連携を軽んじ、独断専行する姿勢が強まっていった。

もう一つ重要なことは、アメリカは確かにソ連・東欧の共産主義体制を解体することに成功したけれども、それは、中ソ対立を利用して、中国を味方につけるところからソ連を追い詰めようとしたことだ。確かに戦略的にはそれも一つの作戦ではあったけれども、それは中国の独裁体制を存続させる、いや、むしろソ連に対抗させるために強化してしまい、また、中国国内における弾圧の被害者を見捨ててしまう事でもあったのだ。

チベットは中国に一九五九年、完全占領された後も、抵抗をあきらめたわけではなかった。インドに亡命したチベット難民の中には、再びチベット国内に戻ってゲリラ戦や情報収集を行ったチベットゲリラ部隊が存在していたのだ。彼らはネパールなどに基地を置き、そこから中国国内に侵入しており、このゲリラ部隊に軍事訓練をほどこし、また支援を行っていたのもアメリカだったのである。しかし、ニクソン、キッシンジャーの外交方針が、中国との融和と国交回復に向かった七〇年代初頭、このゲリラ部隊は支援を断ち切られ、また、それまで基地を置いていた国の政府から武装解除を強いられることになった。勇敢に中国と闘い続けたゲリラ指導者の中には、絶対に武器を捨てることなどできないと抵抗するものもいたが、最後には、自分たちを受け入れてくれた諸国の政府方針に従って武器を置いた。ダライ・ラマ法王もそのことを指示し、中には、武器を捨てることはできないが法王の御言葉に逆らうこともできないと自決した指揮官もいたのである。

この時期、日本も田中角栄首相のもと、日中国交回復に向かったが、まさにその一九七二年、私はある自民党有力政治家の紹介で田中首相とほんの数分間だがお会いしたことがある。そのとき田中首相は私に「ああ、チベットか。気の毒だけれど、どうしょうもないなあ」「まあ、しっかり勉強しなさい」という言葉をかけただけで去って行ってしまった。正直、当時は私も若かったこともあり腹を立てたけれども、今思えば、少なくともチベットのことを田中氏は知ってはいたが、既にどうにもならない問題であり、それよりも中国が経済的に豊かになり、世界に受け入れられるような平和な国になることが重要だと思っていたのかもしれない。私は今でもチベット問題を「どうにかしてみせる」決意であることはあの時も今も全く変わってはいないけれど。

そして、この感覚は田中首相だけではなかった。アメリカおよび多くの民主主義国が、中国が文化大革命時の過激な共産主義を放棄し、経済の改革開放路線に移行すれば、次第に平和的、民主的な国家になるだろうと考えていた。中国共産党が鄧小平以後、改革開放と共に各国との交流を進めたこともその幻想に確信を与えてしまった。しかし、中国共産党は、イデオロギーとしての共産主義は放棄したけれども、共産党の一党独裁体制と、そして中国人の世界観に深く根差した中華思想を決して捨てることはなく、むしろ、ソ連の崩壊を目前とした一九八九年六月の天安門事件で、はっきりと民主化とは逆の方向に政治のかじを切ったのである。

現在の習近平政権に至るまで、中国共産党は、国内の民族弾圧・人権侵害と、海外への覇権主義の道を全く変更することなく進んでゆく。中華思想とは基本的に「天下一国家」「中華夷思想」、つまり中国は世界の中心である、世界は中国の完全な覇権体制のもとにあるべきであるというきわめて傲慢な発想を内在している。もともと「中華」という言葉は、中国が世界の中心にある最も美しく貴い存在であり、中国の周囲にすむ民族はすべて、東夷（東にいるムジナ）南蛮（南にいる蛮族、虫けら）西戎（西にいるけだもの）北狄（北にいる犬畜生）という差別・侮蔑する言葉で表される。

例えばチベットのことを中国政府は「西蔵」と表現するが、この言葉は実は悪い言葉ではない。西の蔵、つまり資源が豊富という意味であり、それ自体は差別とは言えない。しかし、そこに住むチベット人たちは「西族」と呼ばれる。これこそが差別的な物言いで、私たちチベット人を「少数民族」とし、さらに「族」という言葉、一段低いものとみなしている。長くチベット問題に取り組んでこられた酒井信彦氏が、『産経新聞』二〇一六年一二月四日版で次のように指摘している。

中国では、何百万人もいる民族集団を「少数民族」と言い、「～族」と民族より下位の部族のように表現する。理由は、すべての民族は「中華民族」として統一されているとし、個々の民族の独立を許さないためだ。極めて政治的かつ差別的な呼称なのだ。日本のマスコミは、中国が日本と同じく漢字を使っているからと言って、「少数民族」「チベット族」「ウイグル族」といった明確な差別用語を無批判にそのまま流用している。本当は「チベット人」「ウイグル人」というべきである。

私も全く同感である。

この中華思想と多民族への蔑視こそ、私はヘイトスピーチそのものだと思うのだが、残念ながら、古代の中国思想家孔子が理想国家と讃えた周の時代にすでにこの中華思想は発生しており、漢の時代にはほぼ確立している。そして、おそらく本質的に現在でも中国人の他民族観はここに根差しているのだ。

そうである以上、自由、平等、人権と言った民主主義に不可欠の概念も、また他民族の自決権への尊重も、単に経済的に中国が発展する中で自然に生まれてくるものではなかったのだ。このことに無自覚だった西欧諸国（日本もそこに含まれるかもしれない）は、ある意味、経済支援によって、経済力と軍事力を持った中華思想の独裁体制、習近平体制を作り上げてしまったともいえる。

そして、この中国が、アメリカが特に一九八〇年代以後世界に広めていった、行き過ぎた消費資本主義、あえて言えば強欲資本主義とでも名付けるべき、社会の伝統や調和を無視し、商業活動における倫理や規制（規制や保護は敬愛的な弱者や中小企業への保護のために存在するものが多いのだが）をひたすら否定しようとするシステムは、まさに法治の原則を踏みにじり拝金主義と弱肉強食の論理を肯定する中国にこそ歓迎され受け入れられていったのである。

同時に、アメリカもイラク戦争に代表されるように、国際機関を無視し、同盟国との充分な連携もなく、また、イラクの様々な政治状況、民族問題、シーア派とスンニ派との関係などについて十分に調査することもなく、ただ、イラクに対し、アメリカ型の民主主義を、しかも暴力的に押し付ける行為に及んだ。中国ほどではないにせよ、これもまた、他民族、多文化への無理解に根差し、さらには国際ルールを無視した独善的な行動に他ならない。

そしてアメリカ自身も、プロテスタントの伝統に根差した勤勉な資本主義倫理を失い、中国同様、一部の経済的支配層が格差社会の中、強欲な資本主義やバブル経済を指向していった。結局、自国民を顧みず、他国民を安い労働力の対象としか見ないグローバリズムが、リーマンショックのなかで大きくその歪みを表し、他国への干渉政策もアメリカの兵士と国民を疲弊させるだけに終わった中で、アメリカはこれまでの政策を根本的に変えてくれる存在としてトランプ大統領を選んだのである。

トランプ大統領は、前章まで見てきたように、確かに現在は中国と対峙している。しかし、覇権国家として世界システムを安定化させるような意思があるとは思えない。彼の「アメリカン・ファースト」という言葉は、ある意味、すでにアメリカが覇権国家としての地位を放棄する傾向すら感じさせる。また、それはおそらく疲弊したアメリカ国民の意志の反映でもあるはずだ。演説はしたものの、実際トランプ大統領は、その初期においては、決して中国と対決するような姿勢ではなかった。確かに、大統領選挙中には中国の覇権を許さないと吠えていたことは事実だが、それは永くは続かなかった。

二〇一七年、日本、韓国に続いてトランプは中国を訪問したが、日本では安倍首相との友好関係を強調し、北朝鮮の拉致問題にも理解を示したけれども、韓国の国会では北朝鮮を激しく批判する演説はしつつ、文在寅大統領の前では、日本を激しく批判する支援団体の事実上広告塔となっていた慰安婦のおばあさんとハグし（彼女は二〇二〇年現在は、自分は利用されたとしてその団体と決別している）、竹島近海で取れたというエビに舌鼓を打った。

そして中国を訪問した時は、習近平の異様なほどの歓迎がうれしかったのか、あるいは単にビジネスの問題としてしか対中関係を考えていなかったのか、二九兆円にも及ぶ商談をまとめ、記者団に「皆は私が中国を批判すると思っていたらしいが、こんな素晴らしい国を悪く言うはずがないではないか」という意味のことを放言するほどだった。トランプがさんざん弱腰大統領と批判していたオバマ政権を含めて、歴代のアメリカ大統領は訪中の折には何らかの形で中国の人権問題には触れていたのに、この時のトランプ大統領には全くその姿勢は見られなかったのだ。

しかし、アメリカの方針が大きく変化したのは、二〇一七年一〇月、中国共産党第一九回大会において、習近平が三時間を超える演説を行い、そこで「中国の夢」という二〇一二年以来習近平が強調している言葉と共に、「中国新時代」を強調したこと、そして二〇一八年三月に開催された中国の全人代における、国家主席の任期を撤廃し、事実上習近平が「終身皇帝」となる「習王朝」が始まった時と言えるだろう。ここで習近平は、単に中国の体制を自画自賛するにとどまらず、自らが世界の覇権国家となる意志を堂々と発表したのである。

特に重要なのは、二〇一八年三月二〇日の全人代における習近平演説である。ここでの発言を、日本経済新聞の二〇一八年三月二〇日記事「習氏『中華民族復興に自信』」全人代での演説要旨」を基に紹介し、各発言ごとに解説していく。

覇権国家を目指す「中華・習近平王朝」の本質

【中華民族の歴史と偉大な復興】

今回の全人代で国家主席として再選されたことに心から感謝する。中国は数千年の歴史のなかで老子や孔子、荘子などの思想家を生み、製紙法や火薬、印刷術、羅針盤を発明、万里の長城や故宮、ポタラ宮などを建設した。五六の民族からなる多民族国家を形成。近代以降、人民は手を携えて侵略者を打ち破った。民族の独立と自由を守り、中華民族が祖国を守るという叙事詩を書き上げた。

中国人民は（アヘン戦争から）一七〇年余りにわたり奮闘を続けてきた。今日、中国人民は歴史のどの時期よりも「中華民族の偉大な復興」に近づき、実現に向け自信と能力を持っている。

まずここでは、チベット人が建てたポタラ宮殿までもが中国の歴史伝統の一環として組み込まれるだけではなく「中華民族」という誤った概念が強調されている。中華民族とは、簡単に言えば先述した中華思想そのものの概念であって、中国人が支配している地域の民族全てを「中華民族」に組み込んでしまい、しかもその最も上位に君臨するのは中国人と決まっているのである。これは各民族の自決権を奪い、中国人による支配体制・植民地体制を正当化する概念に他ならない。チベット人も、ウイグル人も、モンゴル人も、この概念の中で消失させられてしまうのだ。

そして「近代以降、(中国)人民は手を携えて侵略者を打ち破った。民族の独立と自由を守り、中華民族が祖国を守るという叙事詩を書き上げた」という言葉は、まさに各民族の歴史を全く無視して「中国共産党史観」に全ての民族の歴史を塗りつぶしてしまうものである。少なくともチベットに関する限り、中国は明確に侵略者であり、「民族の独立と自由」を奪いとり、今も残忍な征服者として君臨している存在に他ならない。おそらく、ウイグルや南モンゴルを含め、多くの中国に住む民族は同じ意見を持つだろう。

歴史が証明するように、社会主義だけが中国を救うことができ、「中国の特色ある社会主義」を堅持、発展することだけが中華民族の偉大な復興を実現できる。

「中国の特色ある社会主義」とは、言うまでもなく、経済においては改革開放、政治的には共産党独裁を堅持する現在の中国体制そのものである。そしてこの体制を、習近平は次のように讃美してみせた。

【社会主義現代化強国の建設】
私たちの目標は、今世紀の中ごろまでに豊かで強く、民主的で、文明的で調和のとれた美しい「社会主義現代化強国」を造り上げることだ。全面的に改革を深化し、対外開放を進め、質の高い経済発展を図る。経済力、科学力、総合的な国力を不断に高める。

党の指導と民主、法治主義を有機的に統一し、社会主義法治国家を建設する。国家の統治システムと統治能力を現代化し、愛国統一戦線を発展する。社会主義民主の優越性をより十分に示す。

これは単なる自画自賛ではない。習近平の持つある種の自信の背景には、現在の中国の政治モデルである政治的独裁・経済改革開放体制こそ、政治がより安定化し、民主主義体制下よりもはるかに経済も発展する、少なくとも経済上の問題をコントロール可能であるという姿勢がある。

「党の指導と民主、法治主義の有機的統一」とは、共産党の方針通りの法律解釈と統治体制を行うということであり、その「システムと統治能力の現代化」は、ＩＴを駆使した監視体制に他ならない。「社会主義民主の優越性をより十分に示す」とは、まさに中国の政治モデルが世界的に有効であること、新たな覇権国家として自由と民主主義体制を頃手君臨することを意味している。

【軍事力増強】

党による軍の絶対的な指導を堅持し、新時代の強軍思想を全面的に貫徹する。改革や科学技術を生かし、世界一流の軍事力の形成を加速する。党と人民が負託する新時代の使命、任務を担えるようにする。

これは人民解放軍を国家の軍隊ではなく、共産党の軍隊であるという従来の体制を堅固に維持することであり「新時代の使命、任務」とは、先述した世界的戦略であると共に、超限戦への準備に向けて、最新のＩＴや化学兵器、また情報戦などあらゆる分野における軍の超近代化を図るものであろう。

【香港・台湾】

私たちは全面的に一国二制度、「港人治港（香港人による香港統治）」、「澳人治澳（マカオ人によるマカオ統治）」、高度な自治を貫徹しなければならない。香港とマカオの同胞の国家意識や愛国心を高め、香港とマカオの長期的な繁栄と安定を保つ。

（中国大陸と台湾が一つの国に属するという「一つの中国」原則を中台が認め合ったとする）九二年コンセンサスを堅持し、大陸と台湾の平和的な発展を推進する。

大陸と台湾の経済、文化交流と協力を広げ、台湾の同胞と大陸発展の機会を共有し、祖国の平和的な統一を推進する。

国家主権と領土を守る。祖国の完全な統一は中国人民の共同の願いであり、中華民族の根本的な利益である。祖国を分裂させようとする行動、たくらみは全て失敗に終わり、人民の批判と歴史の懲罰を受ける。中国人民はあらゆる国家分裂活動を打ち破る能力と意志、自信を持つ。中国人民と中華民族は、偉大な祖国の領土を一寸たりとも分割させないという信念を共有している。

香港、台湾について触れた前者についてはもはや解説はいらないだろう。その後香港で一年後に何が起きたか、そして、台湾に対し、現在中国が「平和」をかなぐり捨てて「統一」のためには戦争も自裁ない姿勢を見せていること、軍事を伴う脅迫を台湾に加えていることは先の第三章でふれたとおりである。

そして後者の「国家主権と領土を守る」という言葉は、ウイグルにおいて現在展開されている、数百万のウイグル人を「再教育センター」と称する収容所に入れている現状、そして、チベット、南モンゴルなどで行われている弾圧政策を、中国政府は絶対にやめる意志はないという宣言に他ならない。これらの「民族自治区」とは、あえて言えば中国人が侵略して奪い取った領土であり植民地である。それを「偉大な祖国の領土」であり、「一寸たりとも分割させない」ことが中国の基本方針であり、その「中国人民の共同の願い」に反するチベット人、ウイグル人、モンゴル人は、中国では生存すら許されないのだ。

【一帯一路・人類運命共同体】

私たちが生活する世界は希望に満ちているが、挑戦も多い。中国人民はかねて正義感と同情心が強く、戦火や動乱、飢餓、貧困にある国家の人民に対し、最大の努力で貢献したいと考えている。中国は他国の利益を犠牲にして自らを発展させたいとは決して考えておらず、中国の発展はあらゆる国家に対し脅威にはならない。中国は永遠に覇を唱えず、永遠に拡張を図らない。

他人を脅かすことに慣れた人だけが、周りの人が自分の脅威だと考える。中国人民が人類の平和や発展に貢献しようとする願いや行動に対し、あらゆる人は誤解したり、さらには曲解したりしてはならない。

中国は引き続き「一帯一路」建設を積極的に進め、諸外国との交流・協力を強化し、中国の改革と発展をもって人類に貢献できるようにする。中国は引き続き世界の統治システムの変革や建設に積極的にかかわっていく。「人類運命共同体」の光で世界を照らす。

この演説の最終部で、習近平は先述した王岐外相同様、明確に中国が新たな覇権国家となる意志を明確に表明している。そして、国内であれだけの人権弾圧、民族抹殺政策を行い、対外的にも覇権主義や軍事的挑発、国際法違反の姿勢を明確にしておきながら「中国の発展はあらゆる国家に対し脅威にはならない。中国は永遠に覇を唱えず、永遠に拡張を図らない」「中国人民が人類の平和や発展に貢献しようとする願いや行動に対し、あらゆる人は誤解したり、さらには曲解したりしてはならない」と言うにあたっては、正直開いた口が塞がらない思いがする。しかし私はここで、チベットで一昨年に起きている状況を簡単に報告しておこう。これは私の知る在日チベット人が自らの故郷に一昨年戻り、そこで彼自身の眼で見たことである。

その証言によれば、鄧小平時代以後、表面上であれ残されていた仏教寺院の一つが、一昨年、その半分がいきなりブルドーザーで壊された。その寺院では多くの僧侶や尼僧が修行に励んでいたが、彼らは追放されてしまった。この寺院は、観光用に残すために完全な破壊はされないだろうが、既に信仰の場ではなく、現在は共産党の指導者を讃えることが強制されている。これはこの寺院だけではなく、ほかでも習近平や毛沢東など、中国の共産主義者をあがめることが強制され、僧侶には禁じられている肉食が、尼僧にも男性との共同生活などが強制されている。

チベット人の日常も、文化大革命の時代に逆戻りしたようだ。まず、チベットは全土が完全な監視体制に置かれ、パスポートはほぼ取り上げられると共に、村から村へ移ることにも許可証が必要であり、数名が集まって立ち話をすることも禁じられている。これは今でもなく、今回の新型コロナウイルスの感染が始まった後ではなく、昨年からのことであり、習近平体制になってから弾圧は日に日に強化されている。そして、チベット人の行動は最新科学の技術で追跡されており、ある人が治療のため他の町に移動したのち、どのような行動をたどったかも警察のチェックを免れることはできない。

そして文化大革命時代に行われたような、強制的な民衆の公開集会が行われ、共産党を讃える歌やスローガンを唱えることが強制される。すこしでも監視する共産党員の命令に従わないものには暴力や拷問が加えられる。チベットの子供たちも、事実上学校の中に閉じ込められ、そこでは中国語だけが教えられ、チベットの民族意識をなくすような洗脳教育がされている。これはウイグルで行われているのと何ら変わらない民族絶滅政策である。

また、現在のコロナ感染症について、チベットでは中国人は治療の対象となっても、チベット人は確実に後回しにされている。おそらくこれは全土の各民族においても同様であろうと思われる。

なお、この実態を証言してくれたラマ・ウゲン氏の発言は、私が会長を務めるアジア自由民主連帯協議会のホームページに動画で紹介されている。勇気ある証言をぜひ関心のある方はご覧になっていただきたい（「緊急報告「益々酷くなるチベット」チベット文化研究所ラマ・ウゲン氏、ペマ・ギャルポ会長」アジア自由民主連帯協議会ホームページ）。

中国が世界の覇権国になることは、全世界がウイグルやチベットのようになることなのだ。そして、一帯一路政策はそれに向けた第一歩である。アメリカの覇権に問題があったこと、今でも多くの問題や過ちをアメリカは外交面でも内政面でも持っていることは事実である。しかし、中国がアメリカに変わって覇権国となることの恐ろしさを、私のようなチベット人は身に染みて知っている。いや、私の家族は、その覇権下で殺害されたものもいる。その立場から私が訴えたいのは、日本が今、中国の覇権に対抗しなければ、いつか、現在のチベットのようになるということなのだ。

第五章　沖縄に迫る中国の脅威

中国は沖縄における日本の主権を認めていない

私が会長を務める（社）アジア自由民主連帯協議会では、このような意見広告を、二〇一八年九月に沖縄の新聞『八重山日報』に掲載したことがある。文章は、ジャーナリストの西村幸祐氏によるものであり、私を含め理事全員が賛同した。

私が沖縄について心配しているのは、中国政府がその野望を明らかにしているのに、日本政府にも国民にも、いまだに危機感が足りないように思えてならないからだ。

二〇一三年五月八日の中国共産党機関紙『人民日報』は「歴史的な懸案で未解決のままの琉球（沖縄）問題を再び議論できる時代が来た」という文章を掲載した。これはインターネットでの匿名の発言ではなく、れっきとした中国共産党の公式メディアの主張である。

なお、この論文の内容並びに以下引用する中国の発言については、城山英巳（時事通信社外信部記者）氏の論文「『沖縄』めぐる人民日報論文　中国の思惑と歴史についた『嘘』」（二〇一三年五月『ウエッジ』）を参考にさせていただいた。

実は第二次世界大戦後、沖縄が米軍施政下に置かれていた時代、毛沢東はほぼ一貫して、沖縄を「日本に返還すべきだ」と主張してきた。これは勿論アメリカへの対抗意識である。だが、現在の習近平体制は、その姿勢を明確に変えつつあるのだ。

この『人民日報』論文は「『馬関条約』（下関条約）と釣魚島問題を論じる」という見出しを掲げ、政府系研究機関・社会科学院の張海鵬、李国強両氏が共同執筆したものである。まずこの論文は、沖縄及び尖閣列島について、最終部分で下記のように結論付けている。

馬関条約（日清戦争の講和条約：一八九五年）に調印した際、当時の清国政府に、琉球を再び（領土問題として）議論する力は残されておらず、台湾とその付属諸島（尖閣列島こと釣魚島を含む）や澎湖諸島、琉球は日本に奪われた。（しかし）カイロ、ポツダム両宣言に基づき、台湾や付属諸島、澎湖諸島の返還のみならず、歴史的な懸案で未解決の琉球問題も再び議論できる時代が来た。

これは、沖縄は日本に、清帝国から「奪われた」領土であり、現在もまだこの領土問題は解決していないとする意見である。

実はこのような見解は、この『人民日報』論文が初めてではなかった。

カイロ、ポツダム両宣言に基づき、日本は本土四島を保有できるが、それ以前に武力で併合した沖縄列島は放棄しなければならない。

（二〇一二年九月一二日付『環球時報』）

米国は一九七一年にひそかに琉球の統治権を日本に渡したが、日本が琉球の主権を持っていないという事実は依然として変えられない。このため日本は、琉球国（琉球王国）を基礎につくられた沖縄県の主権を持っていないのだ。

（二〇一二年五月一日号『世界知識』＝中国外務省傘下の外交専門誌）

琉球は中国と五〇〇年以上の宗藩（宗主国と属国）関係を維持してきたが、日本の武力によって併合された。日本の琉球国併合は国際法に合致しておらず、琉球の人民・政府や宗主国・清朝政府の同意、国際社会の認可を得ていなかった。

一九七一年の沖縄返還協定で米国が日本に引き渡したのは統治権（施政権）であり、主権ではなかった。（二〇一三年三月一六日『世界知識』）

これらの文章は、明確に沖縄が中国領土であることを主張しているわけではない。しかし、沖縄に対する日本の領土主権の根拠は全否定されている。『人民日報』に掲載された段階で、この原稿は、中国共産党及び政府の立場を反映したものであることは明らかだ。そして中国側の真意は、五月一一日付『環球時報』社説により詳細に表れている。

同紙社説は率直に「日本が最終的に中国と敵対する選択を取るならば、中国は当面の政府の立場の変更を検討し、琉球（沖縄）問題を歴史的な未解決の懸案として再び提出しなければならない」と提案し、中国政府は、以下の三段階にわたって沖縄問題を日本に突きつけることを求めている。

（一）「琉球史研究」の民間組織設立や「琉球王国復活」を目指す団体への支持など民間レベルの研究・討論の開始

（二）日本政府の対中姿勢を見極めた上で、国際会議での沖縄主権の提示など中国政府の政策変更

（三）より日本が強硬になれば、「琉球王国復活」に向けた勢力を育成

この方針に沿って開催されたと思われる学術会議が、二〇一六年五月、北京大学における「第二回琉球・沖縄最先端問題国際学術会議」であり、参加者は日本から一二名（うち沖縄から一〇名）台湾二名、そして中国側二四名である。そもそも沖縄の「先端」問題が、那覇ではなく北京で論じられること自体が異常としか思えないが、しかもその主催団体の筆頭にあるのが「中国戦略・管理研究会」であり、これはいわゆる純粋な研究機関ではなく中国の人民解放軍に連なる組織の可能性が高い。

私は少なくとも現時点で、中国が軍事的に沖縄に侵攻してくるとは考えていない。むしろ、沖縄県民に、米軍基地問題などで不満を日本政府に対し募らせ、独立や自治の気運、それこそ沖縄版「一国二制度」を求めるように誘導、さらには経済的な影響力を中国が強めていくことで事実上と「自治区」に向かわせるよう働きかけるはずだ。このような策略に対し、日本は、もちろん沖縄県民も含めて、常に警戒心を持っていなければならないはずなのだ。

沖縄独立論の危険性

しかし、このような中国の戦略に最も利用される恐れがあるものが、いわゆる琉球独立論である。二〇一三年五月に沖縄で設立された「琉球民族独立総合研究学会」（彼らは設立記者会見で、冒頭で紹介した人民日報記事とは何ら自分たちは関係がないと説明していたが、このタイミングでの学会設立は偶然とすればあまりにもタイミングが良すぎた）の趣意書には、次のように記されている。

琉球は日本から独立し、全ての軍事基地を撤去し、新しい琉球が世界中の国々や地域、民族と友好関係を築き、琉球民族が長年望んでいた平和と希望の島を自らの手でつくりあげる必要がある。

琉球の独立が可能か否かを逡巡するのではなく、琉球の独立を前提とし、琉球の独立に関する研究、討論を行う。独立を実現するためには何が必要なのか、世界の植民地における独立の過程、独立前後の経済政策および政治・行政・国際関係の在り方、琉球民族に関する概念規定とアイデンティティ、琉球諸語の復興と言語権の回復、アート、教育、ジェンダー、福祉、環境、マイノリティ差別、格差問題、在琉植民者の問題等、琉球独立に関する多角的および総合的な研究、討論を行い、それらを通して人材の育成を行う。

学会の研究成果を踏まえて、国連の各種委員会、国際会議に参加し、琉球独立の

ための世界的な運動等も展開する。（学会設立趣意書より）

私はチベットの独立、少なくとも民族自決権の確立を求めて闘ってきた人間のつもりである。しかし、そのチベットが独立を失った理由の一つが、長く続いた鎖国による外交感覚の欠如、また軍事力の弱体化にあったことは認めざるを得ない。もしも沖縄が「すべての軍事力を撤去」すれば、それで「平和と希望の島」になるという言説は、チベット人としては信じがたいことである。そして、世界の植民地における独立、マイノリティ差別、格差、植民者の問題については、ぜひ中国が今現在行っている残酷な「国内植民地」について多角的な研究を行い、同時に抗議してほしいと切に願う。しかし、この学会のホームページには、以下のような文章が掲載されているのみだ。

Q：独立に伴い全ての軍事基地を撤去したら、琉球の安全は大丈夫ですか？
A：はい、大丈夫です。軍事基地があるから戦争・紛争に巻き込まれるのです。
これは、琉球・沖縄の歴史を考えれば明らかです。独立後の琉球は、軍隊を持たない非武装中立国家としてアジアそして全世界の平和の要石となり、様々な国際機関を琉球の島々に誘致することで、武力ではなく知恵《ジンブン》を使い、琉球の安全と世界の平和を守ります。琉球の独立なくしては真の平和は実現できません。

軍隊を持たない非武装中立国家を目指すのは一つの立場だろうが、それで独立が維持できる、国際機関を誘致すれば戦争は防げるというのはあまりにも現実を見ない発言である。さらに、以下の「歴史観」は、まさに中国共産党の言う「沖縄に日本の主権は存在しない」論を沖縄の側から補強するものとなっている。

Q：琉球人は日本人と同じではないのですか？

A：いいえ、違います。琉球人はあくまでも琉球人です。琉球国はかつて独立国でした。一六〇九年の薩摩による琉球国への武力侵略を契機とし、一八七九年にはヤマトによる琉球国武力併合（いわゆる「琉球処分」）が行われました。これは当時も今も国際法違反に他なりません。「沖縄県」は一八七九年にヤマトにより強制的に設置されたのです（藩籍奉還無き廃国置県）。その後、一九四五年の「沖縄戦」において琉球は「本土防衛のための捨て石」にされ、一九五二年の「日本の主権回復」の際には切り捨てられ、米軍政府統治下のもとに投げ捨てられました。そして、一九七二年のいわゆる「復帰」に際しては、「建議書」は完全に無視され、日米の密約（核兵器再持ち込みと米軍基地無期限自由使用の容認）により騙《だま》されました。さらに、最近では、日米による「オスプレイ強行配備」や「辺野古新基地建設のもくろみ」などが挙げられます。これらの史実や現在進行形の差別的出来事は、琉球人が日本人ではない事を示す一例でもあります。

ここではあまりにも一面的な加害者と被害者の構図が示され、かつ、今現在沖縄では独立を求める声も、日本復帰を否定する声も極めて少数派に過ぎない現実が完全に無視されている。さらに、現在の米軍基地に対しては、以下のような「学会」にはふさわしからぬ政治的アジテーションが記されている。

Q：辺野古・高江新基地建設や普天間基地問題についてはどのように考えていますか？

A：私たちは日米により強引に推し進められている辺野古・高江新基地建設に絶対反対です！普天間基地は県外に移設されるべきです！（中略）私たちは日米の琉球に対する差別に対して真正面からたたかいます！負きらん！（中略）ヤマトはヤマトで琉球依存をやめて早く独立しなさい！

米軍基地や日米安保条約に対しては賛否両論があるべきだろうが、この論理で言えば、米軍基地が存在すること、それ自体が日米が沖縄を「差別」しているという構図に置き換えられてしまっている。もちろん沖縄に多くの基地が集中していることを否定はできないが、基地は日本各地にも存在し、それが戦後日本の防衛を担ってきた一面があることは認められているからこそ、現在もまだ日米安保条約は一定の存在意義を持っているのだ。そして、なぜか全く触れられていないのが、現在の中国の覇権主義がアジアの平和を脅かしている点への指摘である。この脅威を取り除くことなくして、米軍基地問題の解決も、それこそ沖縄の平和もあり得ないはずなのだが、この学会は日本や米国への怒りをあおることには熱心だが、中国批判の声はなかなか見つけられない。このような「沖縄（琉球）独立論」は、中国共産党を利するのみである。

琉球独立論自体は、沖縄でも支持する人はごく一部のマイナーな現象に過ぎない、と言われるかもしれない。事実、世論調査でも「日本に復帰してよかった」という声は沖縄県民の約八二％である（二〇一七年沖縄タイムズ、朝日新聞世論調査）。だが、政治運動は、数パーセントの革新的なグループが大きな役割を果たすことがしばしばあることを、私たちは忘れてはならない。

デニー知事の危険な言動

玉城デニー沖縄県知事は、二〇一九年四月二六日の定例記者会見で、河野洋平元外相が会長を務める日本国際貿易促進協会の訪中団の一員として同月一六～一九日に訪中した際、面談した胡春華副首相に対し「中国政府の提唱する広域経済圏構想『一帯一路』に関する日本の出入り口として沖縄を活用してほしい」と提案したことを明らかにしている。このような発言は、自治体の長が軽々しく言うべきではないだけではなく、極めて危険な言質を中国に与えかねない。

沖縄が中国の一帯一路政策の拠点の一つになれば、確実に島の港は中国の海洋戦略の要地の一つとされ、単なる貿易の要地ではなく軍事的にも活用の対象となる。しかし、沖縄には米軍基地が存在する。中国側は当初は「平和」の名のもとに、米軍基地の縮小や撤去を求め、武器ではなく平和な経済の港となることで沖縄経済はさらに豊かになる、などの美辞麗句を持ち出すだろう。これによって日本政府と沖縄のさらなる分断を図ることは明らかである。

なお、『琉球新報』の記事によれば、県議会六月定例会の一般質問で嘉数登商工労働部長は、二八日、玉城デニー知事による前述の提言について「日本政府が（一帯一路に）協力する場合に、政府の理解の下、県の国際物流拠点としての貿易促進を前提に提案した」

と述べ、県単独で一帯一路に参加することはないとの認識を示していることは付け加えておく。しかし、実はデニー知事は、先述した中国における国際会議についても、衆議院議員だった当時、このような発言を行っている。ここは重要な発言なのでやや長くなるが紹介しておきたい。

実は、今月五月十五、十六の二日間、北京市北京大学で、沖縄、中国の歴史研究者が一堂に会し、琉球・沖縄史や中国との交流などをテーマに研究成果などを議論する第二回琉球・沖縄最先端問題国際学術会議が行われました。参加した双方の発表者からは、沖縄は東アジアにおける平和的かなめや交流の拠点として重要な位置にあること、沖縄の自己決定権について理解を示す意見などが上がっております。これも地元の新聞でも既に報道されております。

また、近年は、このように琉球、沖縄の古代、近代の歴史研究への関心が高くなっており、研究成果物としての書籍上梓も数がふえています。私が持っておりますのは、中琉間に築かれてきた五百年にわたる平和的な外交史ということで、中国天津工業大学中琉史専攻の孫薇教授が書かれた「中国から見た古琉球の世界」という本です。こういう本がいっぱい現存する中国側の書籍の中で、その歴史を、経緯を継承することによって、平和的な外交が行われていたということを研究していくことは私は非常に重要だと思います。

このようにデニー氏は、琉球・沖縄先端問題学術会議を高く評価するとともに、中国側の研究をわざわざ紹介し、中国と琉球（当時）の関係を「平和的な外交」の一言で片づけている。デニー氏はさらに続ける。

ちなみに、一四二九年から琉球王国として尚巴志が三山を統一し、第一尚氏王統が始まります。それから、一六〇九年は薩摩藩の侵攻によって、明、清との、それから江戸幕府との、二国体制の中で二面外交が行われるわけですが、この一六〇九年から以前を古琉球、一六〇九年から一八七九年までを近世琉球というふうに区分をし、歴史研究家の方々は、この歴史を丹念に丁寧に探ることによって、沖縄の地理的優位性が平和的外交に資するための、その取り組みを進めていきたいということの研究を進めている。私は大変すばらしい方向性に向かっているというふうに申し上げておきたいと思います。

この論法は、かつての琉球王国の歴史研究としてなされるのならば、門外漢である筆者がこれ以上こだわるものではない。だが、当時の中国及び日本との関係、つまり朝貢国としての関係をそのまま現代における平和外交と直結させる議論はあまりにも乱暴だろう。そして、この論法はさらに現実政治へと結び付けられていく。

国家としての自己決定権を持っていた琉球王国が存在した歴史上における事実について、我が国政府はどのように認識しておりますでしょうか、外務省にお答えいただきたいと思います。大臣、できればお答えいただけますか。

これはあくまで歴史的事実の問題であって、現在の外務省が答えるべき筋の質問ではない。沖縄県民が今現在独立を施行しているのならばともかく、現在の日本外交とは何の関係もないことである。しかし、デニー氏はさらに、当時の琉球の「独立性」を強調していく。

琉球王国は、一八五四年、琉球・米国通商条約をアメリカと結び、五五年は琉球・フランス、五九年は琉球・オランダと通商条約を結んでいます。当時の日本は、一八五四年に日米和親条約を結び、一八五八年七月、米国との間に江戸幕府が、日本を代表する政府として日米修好通商条約を結んでいます。間違いなく、江戸幕府を日本国政府の代表として条約を結び、琉球国を琉球国の政府の代表として条約を結んでいる事実が残されているわけですね。これらの条約は、当時の琉球と日本が、それぞれ主権を有する国家体制として相手国と結んだものであるという認識かどうかについて確認したいと思います。

（以上、デニー発言の引用は、衆議院外務委員会　第一五号　平成二八年五月一八日記録より）

この論理もまた、琉球独立論ほど露骨ではないにせよ、日本の主権を軽視し、中国側の言い分を補強しかねない。デニー氏をはじめ、沖縄の多くの論客や政治家は「平和」の意義を常に強調する。だが、「平和」という言葉が時として「偽善の平和」に陥ることは、ヒトラーとの戦争を避けることのみを考えて、チェコスロバキアへの侵略を看過したミュンヘン会談におけるイギリス、フランスの外交を見ても明らかではないか。

沖縄の危機を軽視すること、それは逆に平和を失うことである。あるいは、中国政府という残酷な抑圧者の事実上の支配下に沖縄を、そして日本全体を置きかねないことであること、そうなれば台湾の独立も、東南アジアの平和も、さらには朝鮮半島における（北朝鮮を通じた）中国の支配をも導きかねないことを、日本国民と政治家は決して忘れてはならない。それは独裁者に支配されるアジアの悲劇をもたらすことなのだ。

第六章　インドとの連帯を深めよ

インド、パキスタンにおけるカシミール危機

私は今後、日本は「自由で開かれたインド太平洋構想」の実現のためにも、インドとの交流をますます深めるべきだと確信している。しかし残念なことながら、インドに対して、日本ではまだまだ十分な情報が伝わっていないばかりか、むしろ誤った見解が広まっているように思えてならない。その典型例がインドとパキスタンをめぐる報道である。

昨年（二〇一九年）八月六日、インド政府は、カシミール州とラダック地方をインド連邦政府が直接統治する法案を提出、議会は直ちにこれを承認した。同時にインド軍がカシミール州を封鎖、実質的に支配下に置いている。これに対しパキスタン政府は、七日、インドの駐パキスタン大使を国外追放することを発表、両国の対立は激化している。

また、中国外務省は、領土権を主張しているカシミール地方のアクサイチン地域（インド名ラダックの一部）について、中国は「インドが中印国境に接する中国の領土をインドの行政区域に含めることに反対する。インドは国内法を一方的に変更することにより、中国の領土主権を揺るがし続けている。中国はインドに対し、国境問題に関する慎重な発言と行動、双方の間で締結された合意の厳守、国境問題をさらに複雑にする可能性のある動きを避けることを求める」と発言している。核兵器を有する各国の対立は世界にとっても大きな危機であり、この事態は詳細な報道と専門家の分析が求められるべきなのだが、日本においては、『朝日新聞』が下記のような社説を発表した。ここで引用するのは、『朝日新聞』を特に批判したいからではない。日本におけるこの問題に対する一つの典型的な反応を見るからである。

（社説）カシミール問題　無責任なインドの行動

紛争の発火点として知られるカシミール地方をめぐり、大国インドが一方的な行動に出た。核保有国同士で対立するなか、無責任というほかない。

インド政府が、ジャム・カシミール州で七〇年続いていた自治権を奪い、直接統治を始めた。地元との話し合いもなく、唐突に大統領令を出し、与党が多数の国会で憲法を改正した。

隣国パキスタンは外交関係を縮小し、軍に厳戒態勢をとらせた。カシミール地方の一部を支配する中国も「受け入れられない」と反発している。

インド政府は「内政問題だ」と反論しているが、歴史を振り返れば、決してそれで済まされる話ではない。ただちに自治権を元に戻すべきだ。

一九四七年にインドとパキスタンが分離独立して以降、カシミール地方の帰属問題は紛糾した。両国は三度戦火を交え、その後も衝突が断続的に続く。インドは中国とも戦争をした。

ジャム・カシミール州では、多数派のイスラム教徒がパキスタンへの帰属を望んでいた。しかしヒンドゥー教徒の藩王はインドへの併合を選んだ。この州に特別な自治権を与えたのは、統合に伴う混乱と不安定を避けるための知恵だったはずだ。

インドは今回の大統領令と前後して、州と外部との通信を絶ち、地元の政治家ら数百人を拘束した。数万人の兵士の派遣も決めたという。

予想される反発を力で抑え込もうとしているが、治安の面からは逆効果だろう。一三億を超すインドの人口の一割以上はイスラム教徒だ。カシミールのみならず、全土でテロなどの危険性が高まる恐れがある。

さらに国外からの投資が手控えられるなど経済への悪影響も予想される。代償の大きさをインド政府は直視すべきだ。

モディ首相と与党・人民党はヒンドゥー至上主義を掲げる。カシミールの直接支配は、かねて悲願として訴えていた。イスラム過激派の活動が、この州を拠点にしてインドの安全を脅かしている、と主張。今春の総選挙でも直接統治を公約に掲げ、圧勝したことから踏み切ったとみられる。だが多民族、多宗教の大国を多数派に偏った政策で統治すれば、インド国内の政治にもひずみを生む。

なにより、カシミール地方を争う三カ国はいずれも核保有国である。軍事紛争に発展すれば、南アジアの平和にとどまらず世界の安全にとっても重大な問題となる。

日本を含む国際社会はインドをはじめ関係国に最大限の自制を求めるとともに、

国連安保理でも緊急討議して、緊張悪化を避ける方策をとるべきだ。

（二〇一九年八月一二日）

ここではインドが一方的に「侵略者」として描かれている。朝日社説は「歴史を振り返れば」と言うが、インドとパキスタンの紛争、そしてインドと中国の「戦争」を、まるですべてインド側に責任があったように思わせる筆致はあまりにも一方的である。また、「イスラム過激派の活動が、この州を拠点にしてインドの安全を脅かしている、と主張」と言うが、このような中間地帯が過激派組織の基盤となることは世界の事例を見ても明らかであり、インドの主張は決して根拠のないものではない。「多民族、多宗教の大国を多数派に偏った政策で統治すれば、インド国内の政治にもひずみを生む」ことは一般論としては事実だが、マイノリティ（少数派）の権利を擁護されるべきなのは、あくまでも法秩序の枠内においてである。イスラム過激派やテロリストたちは、自分たちの主張のみが正義であり神の意志だと考えており、そこには多宗派への理解などほとんどないことも、ＩＳの行為を見れば明らかであろう。

しかし、ここは朝日新聞に倣って、歴史をできるだけ後世に紹介するところから始める。インドがイギリス植民地から独立した時、あくまでヒンドゥーもイスラムも一体の独立を主張し続けたガンディーの意志は果たされず、インドとパキスタンは分離独立を決定した。独立直後から両国は衝突し（第一次印パ戦争）。発足から間もない国際連合の調停により、停戦ラインが引かれてカシミールは分割された。

一九四九年から国連は平和維持部隊を駐屯させるが、その後も、第二次印パ戦争（一九六五〜六六）、バングラデシュ独立をめぐる第三次印パ戦争（一九七一）などが続く。この第三次印パ戦争後、国連はインド・パキスタン管理ラインを設定、それ以後大規模な戦闘は起きていない。しかし、以下のような紛争は続いている。

一九九九年五月、カシミール地方カールギルのインドの駐屯地を、パキスタン軍と武装勢力が制圧。インド軍がこれを排除。二〇〇一年一〇月、インド側のカシミールの国会が攻撃され、三八人が死亡。二カ月後にインドの首都デリーの国会議事堂が攻撃され、一四人が死亡。二〇〇八年一一月、インド西部ムンバイの主要駅や高級ホテルが同時テロの攻撃を受け、一六六人が犠牲となった。インドはパキスタンに拠点を置く過激派集団「ラシュカレトイバ（ＬｅＴ）」の犯行だと主張。二〇一六年一月、インド北部パサンコットの空軍基地がテロを受け、インド兵七人が死亡。二〇一六年九月、カシミール地方ウリのインド軍駐屯地が攻撃され、インド兵一九人が死亡。インドはパキスタン側のカシミールにいる武装集団に「局地的な空爆」を行ったと発表。パキスタンはこうした空爆はなかったと主張している。

そして今年二〇一九年二月一四日に、カシミール地方のインド側が実効支配しているジャム・カシミール州で、インドの治安部隊がパキスタンの過激派組織に襲撃され四〇名が死亡。このテロに対してはイスラム過激派集団「ジェイシモハメド（ＪｅＭ）」が犯行声明を発表したが、インドは、これは過激派集団だけの行為ではなく、背後ではパキスタン軍が支援していた可能性があると批判している。朝日新聞社説は、この四〇名の死者についいて、インドは何一つ反撃してはならないと考えているのかもしれないが、そのような姿勢でいる限りテロは終わらない。事実、インドはその後、特別部隊をパキスタン側のカシミール地方に投下して、過激派集団の拠点を攻撃、破壊したと宣言した。またパキスタンは、パキスタン軍機がインドと領有権を争うカシミール地方の実効支配線を超えてインド側で空爆を行い、インド軍機と空中戦となり二機を撃墜し、パイロット一名を拘束したと発表（このパイロットは後に釈放）している。

今回のインドによるカシミールへの行動は、このような一定の流れの中で起きたものである。インドの行動を全面的に擁護するつもりはないが、現実にテロ行為が続いていたこと、パキスタン側にそれを防ぎイスラム過激派を取り締まる姿勢が極めて不十分なことだけは、それこそ新聞紙面のニュースをたどるだけでも推察できることなのだ。インドにとってはこれは明確に「テロとの戦い」である。

さらに公正を期するためにパキスタン側の言い分も紹介しておく。パキスタンのカーン首相は八月六日、インドのカシミールへの直轄支配により、「今後、イスラム過激派のテロ事件が再び起きるだろう。そして、わが国はまったく関係がないのに、インドは今度もパキスタンがテロリストを送ったと非難するだろう」と延べ、さらに、核戦争にエスカレートすることを恐れていると述べつつ、インドのモディ政権と与党インド人民党（ＢＪＰ）、モディと関係の深いヒンドゥー至上主義団体「民族義勇団（ＲＳＳ）」が「人種差別的なイデオロギー」を追求し、カシミールでイスラム教徒やインドに反対する人々を攻撃するだろうと非難している。だが、あくまで今年二〇二〇年六月の段階の判断ではあるが、テロ事件はその後少なくとも減少している。テロリストがその基地を失えば、ローンウルフ（単独行動）型の事件はあり得ても、組織的なゲリラ戦は困難となるからだろう。

カーン首相はアメリカのトランプ大統領にこの問題を提起していた。八月一日、トランプ大統領は、「もし彼らが望むなら、私は確実に調停するだろう」と発言。しかしインドは、この問題はあくまで二国間の問題であるとして反発している。トランプ大統領は七月二二日にも、インドのモディ首相に仲介を頼まれたと表明したことがあり、インド政府は直ちにこれを否定した。

このトランプ大統領のパキスタン寄りと思われる発言の背後には、停滞するアフガン和平協議を進展させるために、カシミール問題に乗り出すことでタリバンに影響力を持つパキスタンの協力を得ようとしているのではないかと憶測するジャーナリストもおり、これまでほとんど関心を示さなかったカシミール問題に、いかに大国とはいえ第三者が無条件で介入すべきかどうかには疑問が残る。

そして、日本のマスコミ報道にも、トランプ大統領とは別の意味で、それまでさして関心も示さなかったように思われる国際的な事件に対し、充分な調査も公正な視点もなく、ただ「軍事行動」「侵略（?・）」を行ったとみなした側を一方的に悪と決めつける傾向がある。世界史を学べば、軍事行動もまた政治の延長線上にあり、軍事を背景としない外交も安全保障もあり得ないことは自明のことである。

クルブーシャン・ジャドハブ事件

そしてこちらも日本ではほとんど報道されないのだが、この地域の問題を考える上で看過すべきではない事件として、インド人クルブーシャン・ジャドハブ（Shn Kulbhushan Sudhir Jadhav）をめぐる問題がある。

パキスタンの軍事裁判所は、二〇一七年、クルブーシャン・ジャドハブに死刑の判決を下した。罪状は、アフガニスタンとの国境沿いに位置するパキスタンのバロチスタン州で、スパイ行為を行っていたというものであり、また、パキスタンは、インドをこの地域の分離独立を支援していると以前から批判している。

この判決にはインド国内で激しい反対運動が起き、インドは国際司法裁判所に上訴していた。インド側の言い分は下記の通りである。

◎パキスタンは今回、領事関係に関するウィーン条約、市民的及び政治的権利に関する国際規約の二つの国際条約に違反している。そもそも、二〇一五年以降発足したパキスタンの軍事法廷は、略式の即決裁判をこれまでも行い、複数の死刑判決を下してきた信頼性の薄いものであって、今回も、ジャドハブは、自身が選択した弁護士による弁護権を拒否されている。彼の受けた有罪判決・死刑判決は、監禁された中での「自白」に基づくものである。

◎パキスタンはジャドハブの事件を利用し、バロチスタンの問題をインドの責任であると主張している。ジャドハブは、武装グループにより拉致されパキスタンに連れてこられた民間人であった。パキスタンはジャドハブをスパイ、工作員、破壊活動分子とみなすが、そもそもパキスタン政府自身が、イラン政府によれば国境付近にて、ジャイシュ・アル・アドルなどの武装グループなどテロ組織の活動を支援している。

◎ジャドハブ事件の経緯と問題点は以下の通りである。二〇一七年五月八日、インドは同国民であるシュン・クルブーシャン・スディール・ジャドハブの逮捕と裁判において、パキスタンがウィーン条約に重大な違反がみられるとして訴訟手続きを開始した。
◎ジャドハブは二〇一六年三月三日に「逮捕」されたと伝えられるが、パキスタン外務大臣がこの事実をイスラマバードのインド高等弁務官に通知したのは二〇一六年三月二五日であった。なぜジャドハブの逮捕に関するインド高等弁務官への通知に三週間以上も要したのか、パキスタン側からは一切説明がない。
◎パキスタンはウィーン条約に示されるジャドハブの権利を護っていない。パキスタン政府による公的声明でも、囚人の領事館への連絡が許されていないことは明らかである。また、パキスタンは、インド領事館は繰り返しパキスタンに対し要請したにもかかわらず、インド領事館職員がジャドハブに連絡しようとするのを阻止した。これはジャドハブの人権が侵害されただけではなく、インドの国家主権の問題でもある。
◎パキスタンの軍事裁判所による裁判と判決では適当な法的代理人が設けられず、「拘置中に行われた自白」に基づくものであった。ウィーン条約およびＩＣＣＰＲ（市民的および政治的権利に関する国際規約）を含む国際法が提供する権利や保護とまったく反するものであった。この自白は強制されたものである可能性が高い。

◎「デュー・プロセス（法に基づく適正手続）」の観点からも、刑事裁判における適切な弁護と公正で公平な裁判を行う権利が非常に重要である。つまり、被告は自身が選択した弁護士とともに法廷に立つ。これは最低の基準であるが、今回はジャドハブはそれすら守られていない。

◎軍事裁判所で民間人の裁判を行うことはデュー・プロセスの基準から逸脱している。軍事裁判所による外国民間人の裁判は、それ自体が国際法的に違反である。パキスタンは、「スパイ事件」の関係者に対しては一切上記のような権利は認められないとしているが、これは国際法的にも、国際人権規約からも通用しない詭弁である。

以上がインド側の主張である。少なくとも、今回の事件で被疑者が自らの望む弁護士を付けられなかったこと、インド側の領事館との連絡が阻止され正当な権利である保護を受けられなかったことについてはパキスタン側に問題があるとみなければならないだろう。

実際、国際司法裁判所も、七月一七日、パキスタン政府が領事関係に関するウィーン条約に基づくジャドハブの権利を侵害したと判断し、処刑の執行停止を求めた。インドのモディ首相は判決を歓迎し、「真実と正義が勝った。ジャドハブが正義を得ると確信しています」と発言している。

このパキスタン南西部のバロチスタン地方もまた紛争地域である。五月一一日、当地のホテルが四人の武装グループに襲撃され、治安当局との銃撃戦で犯人全員が死亡、また四人の従業員と一人の兵士が命を落とした。この事件ではＢＬＡ（バロチスタン解放軍）が犯行声明を出し、「中国やその他の大国がバロチスタンの資源を搾取することは許されない。バロチスタンから出て行くまで、彼らは勇敢な部隊の標的にされるだろう」と述べた。このホテルには中国人ビジネスマンが多く泊まっていたといわれる（彼等には被害はなかった）。二〇一八年八月から二〇一九年四月までの約九カ月間に、バロチスタン州周辺で少なくとも三回、ＢＬＡは中国を標的にしたテロを行い、昨年一一月には中国領事館に対する襲撃も含まれている。

バロチスタン地方は元々パキスタンやインドには属さない藩王国として独立してきたの

だが、イギリス植民地を経てインド・パキスタン独立後、一時的には独立が認められたものの、パキスタンの軍事圧力の中併合された。バロチスタンはパキスタン国土の四割を占めるが、人口は極端に少なく、しかし石炭、天然ガス、クロムなど豊富な資源に恵まれており、同地に住むバローチ人は、パキスタンと中国に資源を収奪されているという意識が強い。この地域も、ウイグル（東トルキスタン）同様、中国の一帯一路における要地である。

カシミール問題にせよ、インド・パキスタンの対立にせよ、またこのバロチスタン問題にせよ、根本の要因と民族対立を生み出したのはイギリスをはじめ西欧の植民地支配と、その中での民族間、宗教間の対立をあおった上での分割統治に原因がある。しかし、現在を生きる私たちはその問題を乗り越えて解決を目指さねばならない。

そして最も重要なことの一つは、かつてのインド同様、国内におけるチベット、ウイグル、南モンゴルなどを植民地化し、かつ世界に覇権を目指そうとしている中国が、パキスタンの背後には明確に存在することだ。インドの立場がすべて正しいというのではない。しかし、単純な「平和がすべてに勝る」「あらゆる軍事行動は悪である」といった世界観でこの問題は語れない。自由民主主義国であるインドの、カシミール問題に対する立場を正当に理解することは、中国の一帯一路政策を乗り越える上でも絶対に必要なことなのだが、残念ながら日本のおいてはほとんどと言っていいほど報じられない。

今こそ、自由インド太平洋戦略の復活を

アメリカのトランプ大統領が、当初の中国との共存路線から対決路線に変わったのとは逆に、日本の安倍首相は残念なことに、ある時期までの自立した外交政策から、現在は次第に中国寄りの姿勢に変わってしまったように思えてならない。

この経過を順を追ってみていきたい。まず、安倍首相は、二〇一二年に国際NPO団体プロジェクト・シンジケートに発表した英語論文『Asia's Democratic Security Diamond』（セキュリティ・ダイヤモンド構想）において、独自の外交安全保障構想を打ち出した。その内容は、オーストラリア、インド、アメリカ合衆国（ハワイ）の三カ国と日本という、四つの民主主義海洋国家が結びつき、インド洋並びに太平洋における国際法の支配と平和を確固たるものにしようというものだった。

言うまでもなく、これは中国による東シナ海、南シナ海への覇権を民主主義国家が阻止することを目的としている。同時に、日本が中国など大陸に変調することなく、本来の海洋国家として南アジアとの連携を作り出していこうとするもので、安倍首相のこの構想は先駆的なものとしてアジア諸国にもアメリカにも好意的に受け入れられた。同時にこれは日本の現在における首相次元である石油ルートを確保するためにも必要なシーレーンを含んでおり、台湾海峡における安全保障をも想定しており、安保法制の改正、自衛隊の憲法銘記などで集団的自衛権の確立を目指している安倍政権の安全保障政策とも見事に一致するものである。

この構想は「自由で開かれたインド太平洋」戦略としてさらに具体化、発展化した形で示された。安倍総理大臣は、二〇一六年八月二七日から二八日にかけてケニアで開催されたＴＩＣＡＤ Ⅵにおける基調演説の場で「自由で開かれたインド太平洋戦略（Free and Open Indo-Pacific Strategy）」について公式に次のように演説している。

世界に安定、繁栄を与えるのは、自由で開かれた二つの大洋、二つの大陸の結合が生む、偉大な躍動にほかなりません。日本は、太平洋とインド洋、アジアとアフリカの交わりを、力や威圧と無縁で、自由と、法の支配、市場経済を重んじる場として育て、豊かにする責任を担います。両大陸をつなぐ海を、平和な、ルールの支配する海とするため、アフリカの皆さまと一緒に働きたい。それが日本の願いです。

大洋を渡る風は、わたしたちの目を未来に向けます。サプライ・チェーンはもう、アジアとアフリカに、あたかも巨大な橋を架け、産業の知恵を伝えつつある。アジアはいまや、他のどこより多く、民主主義人口を抱えています。アジアで根付いた民主主義、法の支配、市場経済のもとでの成長──、それらの生んだ自信と責任意識が、やさしい風とともにアフリカ全土を包むこと。それがわたしの願いです。

この演説をアフリカで行ったことの意義は限りなく大きい。「自由と民主主義」がアフリカ大陸にも普遍的なものとして拡大することの意義と、それをアメリカが時として行うような強引なやり方ではなく、宗教的、文化的にも近いアジア諸国から、産業技術面や医療面での協力を通じて無理のない形で波及していくこと、同時に、中国がこの地域の独裁政権に対し経済支援を餌に従わせ、軍事基地などの提供を迫る覇権主義外交を排除していくことまでを、この時期の安倍外交は視野に入れていた。この演説及び、自由インド太平洋構想についての基本的理念は、現在の外務省ホームページに明記され、日本の外交方針としては今も維持されているはずである。以下、同ホームページより引用する。

インド太平洋地域は、海賊、テロ、大量破壊兵器の拡散、自然災害、現状変更等の様々な脅威に直面。このような状況下において、日本は、法の支配を含むルールに基づく国際秩序の確保、航行の自由、紛争の平和的解決、自由貿易の推進を通じて、インド太平洋を「国際公共財」として自由で開かれたものとすることで、この地域の平和、安定、繁栄を目指す。

「海における法の支配の三原則」に基づき、「開かれ安定した海洋」の維持・発展に取り組んでいる。また、ソマリア沖・アデン湾、アジアにおける海賊対策を通じたシーレーンの安全確保のための取組、宇宙空間及びサイバー空間における法の支配の強化のための国際的なルール作りや北極をめぐる国際社会の努力に積極的に参加し、各国との協力を強化している。（外務省ホームページより）

この言葉と共に図解された「自由インド太平洋戦略」は、まさに、世界平和を日本のリーダーシップのもと積極的に作り上げる姿勢と、同時に中国の覇権主義を地球規模で封じ込める意志、そして自由民主主義という普遍的政治理念の促進という価値観外交が一体となったものである。この時期の安倍首相は、私の知る限り、戦後日本の首相の中で最も独自の外交戦略を世界に示し、かつ、存在感のある国を目指していたと思う。そして安倍首相に対するアジア諸国の期待も大変大きいものがあった。日本はこの時期、まさに、戦後の憲法を新しく改憲し、東京オリンピックを控え、世界に向けて新たな政治の潮流を作り出す可能性を持っていた。天皇陛下のご譲位も、その意味では新しい時代の幕開けとしての意味を持っていたように思う。

中国と対決しつつあるインドとの連帯を

そして、この時期の安倍外交の最も優れた視点の表れは、インドとの連携を明確にしたことだった。よく、日本では中国市場のことが話題になるが、インドという国の未来への可能性は未だにあまりにも過小評価されている。

インドの人口は現在一三億五千万人（二〇一八年現在：世界銀行）で世界第二位であるとともに、世界最大の人口を持つ民主主義国家でもある。同時に、国連の報告書による予想では、二〇二七年ごろにインドの人口は現在一三億九千万人の中国を上回り、世界最多になる可能性を持つ。これはインドの人口の約半分が二五歳以下という、まだこれから発展しうる若い国であるからで、今後人口だけを見ても巨大な市場となるはずだ。逆に中国は、すでに日本以上の早いスピードで高齢化社会に入っており（だからこそ中国は一人っ子政策を廃止した）かつ、民主主義や法治の原則、契約書の重要性などの普遍的価値観を共有しにくい国である。いずれがビジネスパートナーとして相応しいかは今更言うまでもないだろう。

そして、モディ政権下の二〇一四年九月、インドは国内産業を保護し発展させる「メイク・イン・インディア」政策を開始した。これは、インドを世界における研究開発・製造ハブとすることを目標とした経済政策であり、政府、産業界、地方政府が一体化して、製造業の充実・拡大のためのインフラ整備や財政支援が行われている。

従来、インドは優秀な人材を輩出しており、特にIT産業においては世界の先進国でもあった。これは国策として学校でのIT教育を充実化してきたことの成果でもあり、グーグルCEOのスンダー・ピチャイ、マイクロソフトCEOのサトヤ・ナデラ、前ソフトバンクCOOのニケシュ・アローラなどはいずれもインド出身であり、九〇年代からはアメリカへのITサービス輸出国として台頭した。しかしその結果、第二次産業である製造業の発展が遅れ、都市と地方の貧富の格差、情報産業とその他の産業との労働者の格差などが拡大した。そこで、地方・農村や低所得者への雇用創出のためには製造業の拡大が必要とされていたのである。その意味で、モディ首相の経済政策もまた理にかなったものであり、また、日本の自動車産業はこの政策と協調して成功している企業も多く、スズキ自動車はその最も目覚ましい一例である。地元企業と合同で進めた結果、スズキ自動車のインドにおける販売台数は、二〇一七年度（二〇一七年四月～二〇一八年三月）には一六四万三四六七台。これは、乗用車市場のシェアの五〇％であり、二〇一八年度には約一七三万台とさらに上昇した。

さらに重要なのは、インドが中国の一帯一路政策に対し異を唱えつつあることだ。二〇一七年五月に北京市で初の「一帯一路」国際フォーラムが開催され、そこでは一三〇カ国もの国や国際機関が参加したが、インドは中国がモディ首相の出席を求めたにもかかわらずこれを事実上拒否し、代表団すら送らなかった（G7参加国で首脳が出席したのはイタリアのみ。日本とアメリカは代表団を派遣）。

これにはいくつかの理由があるが、最も重要なものは、中国とパキスタン両国の間で結ばれた中パ経済回廊（China-Pakistan Economic Corridor ＝ＣＰＥＣ）へのインド側の反発である。この計画は、一帯一路構想で計画される六つの経済回廊の重要な力点の一つであり、中国の新疆ウイグル自治区のカシュガルから、中パ国境の標高四六九三メートルのフンジュラーブ峠を通り、パキスタンのアラビア海沿岸にあるグワダル港を結ぶパキスタンを北から南まで縦断する全長約二〇〇〇キロの巨大経済インフラプロジェクトだ。しかし、これはインドとの国境線上や、インドとパキスタンがともに領土主権を主張するカシミール地方を通過することになり、インドの立場では主権侵害を行われたに等しい計画であった。

また、インド政府は、中国の一帯一路構想に対し、法治の原則と様々な国際基準の厳守、経済的透明性、国家主権と領土への尊重などの条件を満たさなければならないと主張している。インドが問題視しているのは、中国が一帯一路政策の下、諸国に開発援助の融資をするという建前のもと中国企業を進出させ、さらには中国人労働者を派遣、また工場での資材まで中国から輸入させる「ひも付き援助」を行っている点だ。その中にはたとえばスリランカのように、中国の協力でハンバントタに港と空港を建設したのはいいが、その際に高額の金利を貸し付けられ（六・三％）結果八〇億ドルもの借金を返すことができず、今後九九年間にわたって本来はスリランカが所有すべき港の運営権を中国にもぎ取られそうになっている。このように、負担能力を超えた過大融資の返済で財政がひっ迫、中国からの輸入増大で貿易赤字が拡大する例が少なくない。

さらには中国とインドとの間には貿易の不均衡という問題がある。インドの貿易赤字の最大の相手国は中国であり、これに対する国民間に不満が高まっている。これは他の東南アジア諸国も同様だ。輸入超過にある貿易関係は、中国のいうウィン・ウィンの互恵関係とは言えない状況であろう。中国市場や中国との貿易は日本の経済界の一部が（中国政府と歩調を合わせて）宣伝するほどのうまみを持っているわけではないのだ。

そして、一帯一路政策の一環として中国が行っているのが「真珠の首飾り」戦略と言われる、パキスタンの先述したグワダル港、スリランカのハンバントタ、バングラデシュのチッタゴン（中国が九〇億ドルを投資して港湾施設を建設中）ミャンマーのシットウェー（中国海軍の燃料補給基地がおかれ、雲南省に至るパイプラインを持つ）などに軍港を建設、インドを事実上包囲する海洋戦略である。従来、さほど海軍を重視していなかったインドも、これに対抗して海軍の増強に力点を置くようになり、「海洋国家」としての認識を抱くようになった。この意味でも、安倍首相の「自由インド太平洋」戦略はインドと日本の連帯にとって必要な提案であった。安倍首相とインドのモディ首相との何回かの会談は、この意味でも重要な意味合いを持つ。

これに対し、日本がインドとの交流をこれ以上深め、また、現在の米中経済戦争においてアメリカの側にばかり立てば、中国はその報復措置として日本企業のボイコットや、かつてのような反日運動を扇動するのではないかという説がある。特に経済界からそのような声が多く、中国には多数の日本企業が進出しており、日中の政治的な対立を理由に企業が撤退したら経済的なダメージは大きい、という説が常に日中関係を語る上で前提とされる傾向すら感じることがある。しかし、中国から日本企業が撤退して困るのは明らかに中国の側であって、日本が過剰に恐れる必要などないのだ。

また「政経分離原則」を金科玉条のように振り回し、米中の対立に際しても中立の立場を堅持することが日本の国益だと主張する人も少なくない。しかし、実は国際問題における政治的中立性という意味では、インドのほうがはるかにそれを守ってきた歴史は長いのである。インドは独立後、常に非同盟運動（Non-Aligned Movement＝NAM）の一員として、冷戦時代も米ソいずれかに付くことのない中立の立場の外交を貫いてきたのだ。

インド初代首相ジャワハルラール・ネルーは、ユーゴスラビアのチトー大統領と共に、この運動の最も中心的な担い手であった。戦後、米ソ両国がアジア・アフリカの各地である種の代理戦争を引き起こしていた（朝鮮戦争、ベトナム戦争、アフリカ各地のソ連支援による反体制ゲリラなど）時代に、大国に利用されない各国の主権と自立を訴えたこの運動には一定の意義があったし、インドの国益上も、どこか特定の国と恒久的な同盟関係を結べば、逆にその国の外交政策にも縛られ外交上のフリーハンドを失いかねないという賢明な政治的判断でもあった。しかし、中国の覇権主義がはっきりと世界に向けて牙をむいた今、インドも従来の非同盟主義から、日本やアメリカとの連帯に向けて舵を切り始める政治的選択を決意したのである。この時期、安倍首相とモディ首相という指導者をそれぞれの国が持ちえたことは、日印両国にとって最も幸福なことであったはずだ。

二〇一八年一〇月下旬のモディ首相の来日時、首相は「日本とインドは民主主義の価値観を共有しており、インド・太平洋地域やアフリカなどでパートナーシップを発揮できる可能性がある」と明言している。これは経済的交流だけではなく、はっきりと政治的価値観を共通した外交のもとに、自由インド太平洋戦略にインドが参加することの意義を確認したものだった。その翌月、アメリカのペンス副大統領が、アジア太平洋経済協力会議（APEC）の首脳会談に出席する折に訪問したパプアニューギニアで、インド太平洋地域のインフラ設備への積極的な投資を語ると共に、これが一帯一路政策を目指す中国への対立軸であることも示唆している。

しかし、残念なことに、安倍首相は次第にこの自由インド太平洋戦略をトーンダウンさせていったように思えてならない。確かにこの戦略は、一度も放棄させられることはなく、外務省もそのホームページに開示し続けている。しかし、現実の安倍首相の言葉から、この戦略が語られることは、ここ二年間ほどほとんどない。

二〇一八年一〇月、安倍首相は中国を訪問した。日本の総理大臣として約七年ぶりの訪中である。そこでの共同記者会見における発言は、正直、安倍外交がどこかで大きく変質しつつあることをうかがわせるものとなっている。

「競争から協調へ。日中両国の関係は、今まさに『新たな段階』へと移りつつあります。李克強総理と共に、両国関係を大きく前進させていきたいと思います」

「我々は、隣国同士です。互いに協力のパートナーであり、互いに脅威とならない。この明確な原則を、先ほどの首脳会談において、李総理と確認しました」

「東シナ海における海難事故に協力して対処することや、李総理訪日の際に立ち上げた海空連絡メカニズムについて、ホットラインの早期開設に取り組むなど、『平和・協力・友好の海』の実現に向け、前進していくことで一致しました」

「日中平和友好条約締結四〇周年という、この大きな節目の年に、自分が中国を公式訪問し、新しい時代の日中協力、これからの日中関係の道しるべとも呼ぶべき、こうした諸原則を確認できたことは、大変意義があったと思います。これらの原則の上に、我々は、共に、国際社会の平和と繁栄に、建設的な役割を果たしていきます。そのことで完全に一致することができました」

「日中両国は、この地域の平和と安定にも、互いに大きな責任を有しています。両国共通の目標である朝鮮半島の非核化にも、引き続き緊密に連携して取り組むことで、その責任をしっかりと果たしていくことでも一致しました。国際社会と手を携えて、北朝鮮の拉致、核、ミサイルの問題を解決し、不幸な過去を清算して、北朝鮮との国交を正常化します。その決意であります」

自由インド太平洋戦略の基本構想は、海上における国際法の順守、民主主義という理念の普遍的追及、法治を原則とした国際秩序の確立だったはずである。そのほとんどを踏みにじっている中国首脳との会談の後、「平和・協力・友好の海」を共に作り上げることを何の保証もなく語れるはずがない。「隣国同士であり、お互いに脅威とならない」というのならば、日本が今どのような「脅威」を中国に与えているというのだろう。核兵器を含む大量の軍備を持ち、アジアの平和を脅かす脅威となっているのは確実に中国の方である。邪推すれば、日本側が、中国国内の人権問題や民族問題に対し抗議することや何らかの制裁を科することを前もって封じるかのような発言ともとられかねない。しかも、現在拉致被害者を返そうともしない北朝鮮に対し、やすやすと国交正常化をこの場で行う決意を述べるのは全く不要な一言であろう。

習近平主席との首脳会談でも、香港における一国二制度の維持、安倍首相は東シナ海における中国の姿勢などを問題提起はしている。しかし、それは残念ながら儀礼的なものにとどまっており、何ら実質的な改善をもたらさなかったことは今更指摘するまでもあるまい。この首脳会談を一つのきっかけに、安倍外交は一時期見られた価値観外交の精神を失っていき、米中いずれにも「中立」の立場から良い顔をしようとする姿勢が見られる傾向が強まっていく。しかし、すべての人と友達になろうとするものは、逆に、真の友人を持ちえない、というのは、人間関係においても国際関係においても真理ではないだろうか。

さらに、二〇一九年六月に開催されたG20において、安倍首相は来日した習近平主席に対し、当時すでに進行していた香港への圧迫や、ウイグル他の人権問題にはほとんど触れることはなかった。尖閣列島における日本に対する主権侵害や、海上の覇権主義に対しても同様である。これはこのサミットが経済問題を語る場であり、しかも日本が議長国である以上やむを得ない点もあろう。しかし、この場で習近平主席を、翌二〇二〇年春に国賓待遇で日本に招くことを約束したことは、安倍外交の根本的な変質を疑わせるものである。

たとえ相手国間に様々な問題があったにせよ、隣国の首脳同士が会談を重ねることは必要である。その意味で、日中首脳会談はもちろん否定すべきことではない。しかし、国賓待遇での招請は問題が別である。それは、その国家が現在行っている内政。外交の基本方針が、日本国にとって賓客として迎えるにふさわしい友好国、同盟国であることを意味する。さらには、天皇陛下とのご会見までも計画されることになる。日本国の象徴であり元首でもある陛下と、習近平が同席する写真が、どれだけ中国政府の対外プロパガンダに利用されるかは容易に想像できることだ。スターリンやポルポトら虐殺と粛清の独裁者を国賓で招くべきではなく、ヒトラーが天皇陛下と握手するような写真は日本にとってマイナスにしかならない。

幸い、現時点（二〇二〇年六月初頭）まで、この国賓待遇での習近平来日は実現しておらず事実上無期延期となったと言われている。これは良識ある国民や政治家の中に反対の声が高まり、様々な民間の抗議活動が展開されたこと、そして何よりも新型コロナウイルス感染症の世界的流行のせいである。逆に言えば、これらの運動や不慮の状況がなければ実現していた可能性が高く、現時点でも正式に取り消されてはいないことを忘れてはならない。

日本が目指すべき国際関係

安倍首相は自ら提起した「自由で開かれたインド太平洋」構想の視点に立ち戻るべきである。しかし、私は何も中国を絶対的に敵視せよと言っているのではない。現在の中国の政治体制や覇権主義に対しては堂々と批判すべきだが、同時に、一帯一路政策に勝る、アジア連帯のための構想をさらに発展させ、中国をも法治の原則を守ったうえでそこに加盟させていくことももちろん指向していくこと、それ自体が、中国の変革を促すことにもつながる可能性が生まれてくる。現在のトランプの孤立主義に走りがちな外交政策とは異なる、日本ならではの国際協調の精神が今こそ必要なときなのだ。その一つのモデルとして、私は東南アジアの例を挙げたい。

一九六七年八月、タイの首都バンコクにて、東南アジア諸国連合(ASEAN)が設立され、タイ、フィリピン、マレーシア、インドネシア、シンガポールの五カ国が参加した。当初は確かにアメリカの影響などもあり、ベトナム戦争がアジアに共産主義革命が広がることを防止するために作られた側面もあったが、冷戦終結後にはそのベトナムも参加、現在は、ブルネイ、ベトナム、ラオス、ミャンマー、カンボジアを含む一〇カ国の組織となっている。

発足当時は、正直、各国の連携はスムーズとはいかなかった。しかし、定期的な外相会議をこの場で粘り強く続けることによって、少なくとも、政治的な不安定が続いていた東南アジアにおいて、大規模な国対国の戦争を避けることはできたのである。なお、アジアには「南アジア地域協力連合会議」（ＳＡＡＲＣ）も地域協力組織として存在（バングラデシュのラーマン大統領が提唱し、一九八五年に第一回大会がバングラデシュの首都ダッカで正式に発足）し、加盟国は、南西アジアの七カ国（インド、パキスタン、バングラデシュ、スリランカ、ネパール、ブータン、モルディブ、アフガニスタンであり、日本、中国もオブザーバーで参加している。

加盟国間では、弁護士、会計士などのライセンスをお互いが承認し、経済交流などを定期的に討議する。インドとパキスタンがあれだけの緊張下にありながら、近年は全面戦争が何とか避けられてきたのも、このような国際組織があることが大きい。会議の場で直接は議論しなくても（二国間問題は討議の場に載せないルールがある）ティータイムの場などで両国の外相がそれなりの意見交換が可能なのだ。

日本はこのＡＳＥＡＮ、ＳＡＡＲＣのいずれに対しても、設立時から密接な関係を有しており、様々な経済支援や国際交流を行ってきている。そして、ここでも安倍外交の初期における一つの成果として記憶されるべきなのが、二〇一三年一月一八日に内閣総理大臣安倍晋三が東南アジア歴訪の最後の訪問地ジャカルタで発表した対ＡＳＥＡＮ外交五原則である。

その内容は以下の通り。

一、人類の普遍的価値である思想・表現・言論の自由の十全な実現
二、海洋における法とルールの支配の実現
三、自由でオープンな、互いに結び合った経済関係の追求
四、文化的なつながりの一層の充実
五、未来を担う世代の交流

この五原則の発表に対し、中国外務省報道局は、直ちに反論をおこなっている。しかし、その反論は「アジアでは多元的な文化と多様な社会制度が併存しており、我々は多様性の尊重を一貫して主張している」「当事国同士の対話によって平和的に問題を解決するというのが各国の共通認識だ」というものだ。もちろん、中国政府にこんなことを言う資格は

ない。だが逆に、今後日本は東南アジアと共に、この精神をさらにアジアに拡大するともに、中国にも参加を呼び掛けていく姿勢が必要である。

歴史上、様々な宣言や検証が出されては消えていった。大東亜戦争直前の一九四一年には、大西洋憲章がルーズヴェルトとチャーチルによって発表され、そこでは対ナチスへの宣言として（当時はまだ日本とアメリカは開戦していない）次のような理念が掲げられた。

《大西洋憲章》

三、両国は、すべての人民が、彼らがそのもとで生活する政体を選択する権利を尊重する。両国は、主権および自治を強奪された者にそれらが回復されることを希望する。（民族自決）

四、両国は、現存する義務に対して正当な尊重を払いつつ、あらゆる国家が、大国小国を問わず、また勝者敗者にかかわらず、経済的繁栄に必要とされる世界の通商および原料の均等な開放を享受すべく努力する。（国家主権の尊重）

六、ナチスの独裁体制の最終的崩壊後、両国は、すべての国民が、彼ら自身の国境内で安全に居住することを可能とし、すべての国のすべての人が恐怖と欠乏から解放されて、その生命を全うすることを保障するような平和が確立されることを希望する。

（国際平和の確立、独裁体制の打倒）

七、このような平和は、すべての人が、妨害を受けることなく、公海・外洋を航行することを可能とするものでものでなければならない。（航海の自由）

インドその他の残酷な植民地統治をおこなっていたイギリス、そしておそらくこの時点で、日本を戦争に引きずり込むことを意図していたルーズヴェルトにこのような理想を語る資格があるかどうかは、また別の問題である。しかし、ここで言われている内容自体は、現在でも通用する理念に他ならない。そして、日本が一九四三年に、独立を果たしたアジア諸国、そして自由インド仮政府と共に発した大東亜共同宣言も、さらに本質的な国際関係の在り方を提示している。

《大東亜共同宣言》

一、大東亞各國ハ協同シテ大東亞ノ安定ヲ確保シ道義ニ基ク共存共榮ノ秩序ヲ建設ス（国際協力による平和と繁栄を道義的価値観に基づき作り上げていく）

一、大東亞各國ハ相互ニ自主獨立ヲ尊重シ互助敦睦ノ實ヲ擧ゲ大東亞ノ親和ヲ確立ス（民族自決権の尊重、植民地主義の撤廃）

一、大東亞各國ハ相互ニ其ノ傳統ヲ尊重シ各民族ノ創造性ヲ伸暢シ大東亞ノ文化ヲ昂揚ス（各民族の伝統文化の尊重）

一、大東亞各國ハ互惠ノ下緊密ニ提携シ其ノ經濟發展ヲ圖リ大東亞ノ繁榮ヲ增進ス（各国の公正な経済交流と相互の発展）

一、大東亞各國ハ萬邦トノ交誼ヲ篤ウシ人種的差別ヲ撤廢シ普ク文化ヲ交流シ進ンデ資源ヲ開放シ以テ世界ノ進運ニ貢獻ス（人種差別の撤廃と、アジア諸国の連帯を通じて国際社会に貢献していく真の国際主義）

いずれの理想であれ、その実現の障害となっているのは現在の中国体制である。繰り返すが、その体制への抗議も人権改善を求めることも必要だ。しかし、同時に、日本が東南アジアの国々、そしてインドを通じた広い連携に自ら参加し、ともにこのような理想を実現するための連携に中国が参加せざるを得ないような環境を構築することも必要である。日本も衰えたりとはいえ、まだそのような経済力を持っており、インドは先述したような未来への大国でもある。「自由で開かれたインド太平洋構想」の再構築に向けて、安倍首相が再びかじを取りさえすれば、まさに、新しい時代をけん引した先駆者として讃えられるはずだし、日本国も大きな世界貢献を果たせるのだ。

第七章　コロナ後の社会と日本

なぜ中国がＷＨＯをはじめとする国際機関を掌握したか

今回の新型コロナ感染症が明らかにしたことの一つは、ＷＨＯが最も肝心な初期段階においては判断を誤ったことである。それも単純な判断ミスや科学的な誤差ではなく、ＷＨＯの対応は、まるで中国政府の弁護人のようだった。

ＷＨＯのテドロス・アダノム事務局長を筆頭に二〇二〇年、一月一九日の段階までは、「人から人への持続的な感染拡大がある証拠はない」と強弁して来た。これは中国の隠蔽工作を事実上国際機関が追認したに等しく、さらには「中国の流行管理に対するアプローチを信頼している」とまで表明していたのである。そして、中国政府自身が人から人への感染を認め、一月二三日、武漢をロックアウト（公共交通機関の運行禁止措置）したことに関しても、ＷＨＯのガウデン・ガレア中国代表は「流行を封じ込めるために積極的な関与をした非常に重要な指示だった」「公衆衛生の歴史上、前例のない試み」と評した。それでいながら、ＷＨＯはこの段階でも、公衆衛生上の「緊急事態」には当たらないとみなしたのである。

中国政府は最も肝心な情報の開示、外部からの調査団受け入れと原因調査、武漢の研究所の航海などに一切応じていないにもかかわらず、ＷＨＯはこのように中国の姿勢を礼賛し、新型コロナウイルスの危険性を過小評価（というより、中国側に都合の良い情報を発信）し続けたのだ。この新型コロナウイルス感染症が全世界に広がったのは、中国の隠蔽姿勢のみならず、ＷＨＯにも大きな責任があると言わなければなるまい。ＷＨＯが緊急事態宣言を出すのは、中国国内のみならず他国に感染者が広がった一月三一日のことである。

ＷＨＯの中国礼賛はこれにとどまらない。二月に中国で現地調査にあたっていたＷＨＯの専門家、エイルワード事務局長補は、二八日スイスにて報告記者会見を行い、以下のような驚くべき発言を繰り返した（もちろんこの内容は中国の新聞にて権威ある専門家の発言として紹介されている）。

「中国の病院を視察し、中国がそこに膨大なエネルギーを投入していることが、印象深かった。人工呼吸器は何台あるのかという質問には、五〇、六〇台という答えが返ってきた。そして、ＥＣＭＯ（体外式膜型人工肺装置）は何台あるのかという質問には、五台という答えが返ってきた」

「中国は新型コロナウイルス感染患者をどのように治療するかを知っており、固い決意を抱いて、膨大なエネルギーを投入している。決してどの国でもできることではない」

「新型コロナウイルス感染拡大を受け、世界中の人々は『どうやって、生活を続ければいいのか』、『どうやってこの災難を乗り越えればいいのか』と頭を抱えており、ウイルス感染者が自分たちの国でも出たので、感染者全てを探し出し、全ての接触者を追跡して、隔離観察し、みんなの命を守ろうとは考えていない。しかし、中国は実際に大規模にそのように行動している」（人民網日本語版二月二八日記事）

日本政府の新型コロナウイルス対策が様々な遅れと混迷を見せたのも、一つにはＷＨＯの判断を科学的公正なものとして受け入れてきたことにも原因があった。ＷＨＯがなぜこれほどまでに中国寄りの発言をしてきたかは、一つにはテドロス事務局長がエチオピア出身であることに関係があると思われる。

エチオピアと中国の関係は当初は決して良いものではなかった。一九六〇年代、エチオピア政府に反抗するエリトリア解放戦線を中国は支持しており、西側諸国との友好を進める当時のハイレ・シェラセ皇帝とはむしろ敵対的だった。しかし、一九七〇年、エチオピアが台湾を中国の一部と認め、同時に中国はエリトリアをエチオピアの領土と認めてゲリラへの支持を取り下げる形で両国は和解、国交を樹立し、一九七一年にはハイレ・シェラセ皇帝は中国を訪問している(これは林彪の失脚により中国の文化大革命が収束に向かい、米国や西側との和解のために、海外の中国派ゲリラや反体制組織への支援が中断される傾向が出てきたことによる)。

一九七四年、軍事クーデターによりハイレ・シェラセ皇帝が退位に追い込まれ、メンギスツ軍事政権が成立してから、エチオピアの政治は混迷を極める。軍事政権はソ連との結びつきを強め、国内では共産主義と軍事独裁が結合した徹底した恐怖政治が敷かれた。左派でも政権に批判的な人間や組織は直ちに弾圧され、同時に政権内部には腐敗が広がる。この政権時代は、ソ連寄りの政権と中国との関係は再び距離ができた。

一九九一年、軍事政権がエチオピア人民革命民主戦線（ＥＰＲＤＦ）に打倒されて後、中国との関係は再び密接となる。中国はインフラ整備のプロジェクトに基づく投資を盛んに行い、また安価な消費財の輸出で利益を上げており、またエチオピアも、自国の体制の人権問題などには一切口を出さずビジネスのみを行う中国に対し歓迎する傾向がある。

ＷＨＯのテドロス事務局長は、確かにエチオピアでのエイズ感染率の低下などに大きな成果を上げた人物ではあるが、保険大臣、外務大臣に就任するなど、純粋な科学者というよりは政治家的な発想にたけた人でもある。そして、二〇一七年一〇月一八日、ジンバブエのロバート・ムガベ大統領をＷＨＯ親善大使に任命しているが、それも、既に国際的に激しい批判にさらされているこの独裁者にあえて言えば逃げ道を作るようなやりかただった。ムガベ大統領も、ジンバブエ独立の英雄であり、様々な学位を持つ知識人ではあるが、同時に長期政権を維持するために、選挙結果の公表すら隠すようになり、勝利していたはずの野党を弾圧、その独裁傾向から欧州各国からは入国を拒否されており、この時点では国内の指示も全く失っていたのである。事実、この後すぐ二〇一七年一一月にはムガベは失脚している。

テドロスのこのように独裁者と融和的な姿勢は、中国との関係にも反映している。そして、民主主義国家であり、今回のコロナウイルス感染でも最も有効な封じ込めに成功した台湾のＷＨＯ参加を認めないのも、中国の要求に屈しているからだ。

しかし、問題はエチオピアやテドロス個人でも、ＷＨＯだけでもない。国際機関に対し中国が深い影響を与えている構図を作り出したのは、国連が本来持っている理想を失ったからであり、またアメリカをはじめ多くの国が国連を軽んずるようになったことに遠因がある。

現在日本でも、ＷＨＯの現状や国連の無力さ、政治的偏向（ユニセフの世界の記憶に、中国側の一方的な言い分で南京「事件」が登録されたことなど）に怒りを覚え、国連への負担金の削減や拒否、又は国連そのものからの離脱を主張する声が出てきている。心情的には私も理解できるけれど、そのような議論はやはり危険な傾向だと言わざるを得ない。

国際連合は元々、国際連盟の失敗と、第一次・第二次世界大戦を防止できなかったことの反省から、平和、人権、民主主義を世界に広げることを理想として作られた組織である。勿論そこには第二次世界大戦の戦勝国の論理が濃厚に反映されていたが、この理念自体が間違っていたわけではない。むしろ、この理念からあまりにも国連が逸脱していることを批判し、国連改革の先頭に日本が立つべきであろう。

一九八〇年代以後、もっと言えばアメリカや日本が中国と友好関係を結ぶようになる一九七〇年代のころから、世界が、経済的利益だけを優先するようになり、国連組織の理想を無視して企業の論理で国家すらも動くようになってから、国連の機能はおかしくなり始めた。そして九〇年代に至ると、アメリカは、ダボス会議、G20、G7などの自分がリーダーシップを取りやすい国際会議のみを重視していく。例えば湾岸戦争において、アメリカは形式的ではあれ国連安保理における議論や、アラブ当事国との連携、そして多国籍軍の編成などの協調路線を取ったが、イラク戦争の際は、大量破壊兵器の存在という根拠が不十分な理由のみで、しかも他国との協調姿勢を放棄したかのような軍事行動を行った。その後の混迷は説明するまでもあるまい。これは現在のトランプ政権にも言えることで、同盟国との協調や国際機関への軽視が目に付く。それでは、仮に対中国批判のような正しい面においても、成果を上げることは難しくなってしまいかねない。

国連ガリ事務総長の追放

アメリカの最も大きな過ちの一つは、国連改革の立役者たりえたガリ事務総長の再選を中国と共に妨害したことである。エジプト出身のガリ氏は、サダト大統領時代、イスラエルとエジプトの和平を結ぶために努力し、サダト暗殺後も長く外交に関わった人物で、昭和天皇の大喪の礼にも参列されている。

一九九二年、第六代国連事務総長に選出されたガリ氏は、国連改革、特にPKO改革に力を注いだ。『平和への課題』（Agenda for Peace）という報告書を提出し、国連が平和を作り出すためには、紛争が発生する前に「予防外交」として、当事国に対し、国連が積極的に、紛争問題の調査、国連職員配置、非武装地帯創設などの努力を行う事をまず提案する。

そしてこのような予防外交が失敗し紛争は発生した場合は、「平和創造」として国際司法裁判所への付託、紛争原因の解決などを行う。この二つに失敗した場合「平和強制」の段階に移るべきだとした。この「平和強制」が、ガリ氏の提案の中で最も重要なもので、紛争を終わらせる、少なくとも一時停止させるためには、国連憲章によって定められた、侵略行為を停止させるための、武力行使が必要であり、加盟国の有志により平和維持活動のための「平和強制部隊」を編成して実際の行動を起こすことを提起した。

そして、平和を一時的に軍事力を通じて「強制」しても、その後、平和を定着させるための「平和建設」の試みが不可欠となる。この段階では、紛争などで混乱し疲弊した地域の経済的復興や、戦争につながる軍事的独裁を防ぐための民主主義の促進などを目指すなどの、総合的、具体的な平和構築を目指す提案を行っていた。

ガリ総長の提案は、ソマリアの内戦、ボスニア・ヘルツェゴビナ紛争などに適用されたが、現実には確かに理想通りには展開しなかった。特にソマリアでは多大の犠牲を平和強制部隊に出し、その中心となっていたアメリカ軍が撤退してしまう。しかし、少なくとも国連本来の理想を、現実の紛争地域で実現しようとしたガリ提案自体は決して間違いではなく、むしろ国連の役割を正しい方向に向け、世界の民主化に貢献できるものだった。しかし、アメリカはこのソマリアでの失敗を理由に、拒否権を発動して、ガリ総長の再選を阻止してしまう。もちろん、国連のこのような平和活動の強化や、民主主義の促進に責任を持つことに中国が賛同するわけもなく、この時は中国もアメリカと歩調を合わせた。ガリ再選を支持する声は国際的に多かったにもかかわらず、アメリカは中国と共にガリ氏を事実上退職させてしまったのだ。

中国はこのようなアメリカをはじめとする、国連軽視、国際組織軽視、経済優先の時代をうまく活用したのである。国連はその性格上、どのような小国でも建前上は大国と同じ一票を持つ。中国は先のエチオピアをはじめ、人権問題などを抱えている独裁的な政権にお金をばらまき、彼らを味方につけていった。同時に、多くの国が国連をないがしろにし負担金などが滞る状態を見透かして、様々な国際機関に影響を持つように、巧みに資金やソフトパワーを使っていった。

国際機関内に親中派を作り出し主導権を握らせる中国の戦略は、世界各国に留学生や華僑を送り込み、それぞれの国で特定の親中派の政治家、政党を育て上げ、一方で民主的な、中国に対峙しようとする政治家や言論人を失脚させていくのとまったく同じやり方である。もちろんこれはアンフェアなやり方だが、国際機関に対する中国の潜入工作を看過していたアメリカをはじめ各国にも責任はある。その根本にあったのが、先述した経済優先政策であり、特に九〇年代以後のあまりにも急速なグローバル経済の世界席巻が富の格差をもたらし、国家や同胞意識を人々から失わせたことも、中国にとっては好都合だった。本来、国連とは各主権国家の集合体であり、国家意識の衰退はそのまま国連の弱体化を促進する。

日本は今後、国際機関とどう向き合うべきか

国連の意義を否定する人にぜひ考えてほしいのだが、チベットが中国の侵略に抗しきれなかった一つの理由は、当時のチベットが国連に加盟していなかったことも大きな理由の一つなのだ。

一九五〇年代のチベット社会では、国連をキリスト教国の主導する組織であり、参加す

ればキリスト教が入ってくるという説が流れ、政府も国連への参加を躊躇していた。実はこの噂の流布は中国に近い立場のチベット人が行っていたともいわれる。また、大東亜戦争中にチベットは日本寄りの立場を取っており、米英の要請するチベット領内の武器輸送を拒否していたため、戦勝国の主導する国連に疑問を持つ声もあった。

また、インドは当時独立したばかりであり、当時のネルー首相は、チベットを国連に加盟させ、場合によってはインドが支えるという政治的決断をなし得なかった。当時のインド閣僚の中にはチベットの国連加盟を勧める声もあったのだけれど、ネルーの周恩来への当時の信頼感もあり、チベットの国連加盟にも独立の擁護にも残念ながら積極的ではなかった。

しかしその結果として、チベットは初期の中国の侵略に対し、有効に国連を通じて国際社会に訴えることができず、先の章で述べたような一国二制度を強制を受け入れるしかなかったのだ。今、国連がいかに無力に、時には中国の影響下にあるように見えるとしても、もし現在の国連を解体してしまったら、おそらく当分は国際組織を再構成することは不可能となる。それは世界を完全な弱肉強食の世界に追い込むことになりかねないし、現在のトランプ大統領がしばしば語り、また実行しているような国際機関からの脱退や資金停止は、人類がこれまでの年月でかろうじて作り上げてきた取り組みを一方的に解体するやり方であって、私は大国としての振る舞いではないと思える。現実的にも、アメリカがＷＨＯをはじめとする様々な国連組織に対し支援を停止すれば、逆に中国の資金が流れ込み、その影響力はますます強大なものになりかねない。

それよりは、二〇二二年に予定されているＷＨＯの次期事務局長選において、例えば日本が立候補する、また推薦を立てる方がより前向きなやり方だ。現在様々な問題があるにせよ、日本は国民健康保険制度が確立され、医療水準も高く、また海外への医療支援の歴史も長い。かつ、日本は一九五六年の国連加盟以後、地道な活動を国連において持続的に行っており、それは国際的に評価されている。日本政府の経費負担により、将来国際機関に勤務することを希望する人材を日本政府の経費負担により派遣し、経験を積ませるＪＰＯ派遣制度、軍縮問題に取り組む専門家を育成する国連軍縮フェローシップの受け入れ、ＰＫＯ（国際平和維持活動）への積極的参加（アンゴラ、カンボジア、モザンビーク、エルサルバドル、ゴラン高原、東ティモール、ハイチ、南スーダン）などはわかりやすい例であり、緒方貞子、明石康氏らの平和維持や人道的活動も国連の歴史に名をとどめた。日本がこの功績を放棄する必要はなく、むしろ、国連改革の先頭に立ち、前章で述べたような自由インド太平洋戦略も、国連の枠組みの中に組み入れる形を取ればより有効に機能するだろう。

そして、日本がもっと明確に抗議しなければならない国連の決定は、二〇二〇年四月一日、国連人権理事会（ＵＮＨＲＣ）が中国を諮問グループの地域代表として任命したことである。日本をはじめ四七カ国が参加する国連人権理事会は、アフリカ、アジア・太平洋、ラテンアメリカ・カリブ、西欧・東欧からそれぞれ選出された五人の代表からなる人権調査官選定のための諮問グループを構成するが、今回、アジア・太平洋地域において、国連中国代表部の蔣端が選出されたことは、二〇一八年にアメリカが脱退した人権理事会がますます中国にとって都合の良い人選が行われる組織になりかねないのだ。日本はまずこのような国連の現状をきちんと批判した上で改革を求めるべきであって、それだけの力も権利も有しているはずだ。

まず目指すべきことは、国連が元々第二次世界大戦の戦勝国によってつくられたことによって「The United Nations」、つまり「連合国」という名前を持ち、日本やドイツを「敵国」として規定していることだ。歴史観以前の問題として、既に八〇年近く前の戦争における価値観をいまだに残していることは国際機関として相応しくはない。この敵国条項の撤廃と、安保常任理事国が事実上連合国で占められている（しかも、中国こと中華人民共和国は第二次世界大戦中は成立すらしていない）ことの改革を日本は提起するとともに、中国が現在行っている国内の人権弾圧や対外的な覇権主義は、世界の安全保障をむしろ危機に陥れていること、安保常任理事国に相応しいふるまいではないことを堂々と主張する必要がある。その上で、日本が安保常任理事国に立候補することは、アジアの民主主義国が世界平和に責任を持つ意味においてもふさわしいことであろう。

勿論この場合、日本は、ガリ総長が提唱したような、世界の平和維持活動、場合によっては「平和強制」にも参加する覚悟が必要である。日本の憲法改正はこの視点からも考えるべきなのだ。単に自国の防衛のみならず、日本が世界の平和に貢献する意志と覚悟を持つこと、それが日本の国連改革の前提となる。安倍首相の憲法改正への意志は、このような国際的な視野のもとに為されるとき、はじめて世界史的な意義を持つことになるだろう。

第八章　習近平主席「国賓待遇」招致を阻止せよ

習近平の「国賓待遇」招致は日本国の歴史に泥を塗る行為だ

安倍晋三首相は二〇〇六年九月、戦後最年少の首相として就任して以来、二〇一九年一一月二〇日でそれまでの歴代一位の桂太郎の記録を破り、最も長く務める首相として歴史に名を刻むことになった。安倍首相は一一月二〇日までに通算二八八七日という安定政権を維持したことになる。そして首相の自民党総裁の任期は二〇二一年まで続き、さらに記録を更新するに違いない。私は激動する世界の中、安定政権が日本に生まれることは望ましいと考えてきた国民の一人であり、このことには素直に敬意を表し、お祝い申し上げたい。

このような長期政権の実現は、五つの条件が整った結果、このような歴史的記録を達成したのではないかと思う。第一に政治家としての知識と能力、つまり現状認識ならびに先見性が優れていること。第二に決断力とリーダーシップ。第三に周囲に対する気配りと思いやり、つまり人情にあふれていること。第四に揺るぎない信念とビジョンを持ち、ぶれないこと。そして最後に「天は自ら助くる者を助く」というように「運」も味方につけたのである。残りの任期に全力を挙げて、憲法改正をはじめ拉致問題、そして安倍首相が日ごろからよく口にする「自由と民主主義」と「法の支配に基づく国際社会」の構築に専念していただきたい。

以上のことは私の今までの安倍首相の努力と見識に対する率直な見解である。だが、これからは苦言と批判を申し上げざるを得ない。

その第一に自由と民主主義、法の支配を実現するための手段として、安倍首相がイニシアチブを取った「自由で開かれたインド太平洋戦略」が、いつの間にか「戦略」が「イニシアチブ」に変わり、当初の情熱と真剣さが薄れ、現在（二〇二〇年六月）ではほとんどこの構想自体が語られなくなっていることだ。この構想の意義については、本書の六章で詳しく論じたのでこれ以上は触れない。

第二に憲法改正に関しても周囲に配慮し過ぎ、国民的機運を高めるチャンスを失いつつあるように思う。国民は安倍首相の強いリーダーシップに共鳴し、その政策が実行されるために選挙でも支持を鮮明に表したはずなのだ。それなのに党内力学、公明党との共闘体制、マスコミ報道などを気にしすぎて憲法改正への道を示しきれていないのは、安倍首相を最も純粋に支持する人たちの期待を裏切ることになるだろう。

第三に中国に対する対応の誤りだ。中国政府は、十分な証拠もないのに中国国内で日本人を逮捕したまま裁判すら行わず、同時に、日本の領海を頻繁に侵しているありさまである。国際的にも中国が世界覇権を狙うための「一帯一路」が外面的に包装紙を変えても中身は変わっておらず、着々と進んでいる現状も見過ごしてはならない。中国の経済力の低下とアメリカの政府、立法、司法による強硬な対中政策の結果として、かつてのような暴走ぶりは多少鈍化しているが、本質的には中国は何一つ変わっていない。

そのような中で昨年、安倍首相が習近平中国国家主席を来春（二〇二〇年）国賓として日本に招くことを表明したことに対しては、全く賛同しかねる。安倍晋三首相は二〇一九年六月二七日夜、主要二〇カ国・地域首脳会議（G20サミット）の会場となる大阪市で、習近平席と会談し、日中関係を「永遠の隣国」と位置づけて互いの重要性を確認するばかりか、二〇二〇年春に国賓として習近平が再訪日することを表明したのだ。

日本は習主席の公式訪問によって得ることがあるとすれば、一部の財界人と政治家の私益の範囲を超えない。逆に中国が得ることは日米間の信頼関係を崩すことだ。政府レベルではともかく、アメリカ国民は決してこれを好意的には見ないであろう。

現在、中国政府が国内で何を行っているかを考えれば、とてもではないが習近平は「国賓」として迎えるべき政治家ではない。ウイグルでは一〇〇万人単位の人々が強制労働収容所あるいは洗脳教育センターなどに拘束され、彼らの宗教、文化、歴史が奪われるだけではなく、肉体的にも想像を絶するような拷問を受けている。中国は同国内におけるキリスト教も含めた宗教弾圧、言論弾圧を徹底し、超近代的な人工知能（ＡＩ）やＩＴ技術を使い、二四時間体制で監視を続けている。大学などでは学生たちに教員をスパイするよう強要し、かつてのおぞましい文化大革命の再現が行われている。

これらの強硬政策の元締めは習主席本人であるということは、アメリカで入手された共産党内部資料や、オーストラリアに亡命した中国人元スパイなどからも明確になっている。

そのような中で習主席を国賓として招待することは香港人民、ウイグル、モンゴル、チベットの人々のみならず、自由を奪われている中国国内の約一四億の人々に対し、期待を裏切ることにならないだろうか。

しかも、実はこのG20と同時期、大阪市内では、J20という日本国民有志、および日本に在住するチベット、ウイグル、南モンゴル、中国民主運動家、法輪功修練者など多くの人々の連帯組織による、習近平の弾圧政策に対する抗議デモや集会が行われていたのだ。そこには海外からもウイグルのラビア・カーディル氏、南モンゴル運動の初期からの指導者テムチルト氏、そして香港からも多数の若者が参加していた。その人たちは、安倍首相のこの言葉をどれほど無念の思いで受け止めたことだろう。

中国における「国内植民地」の悲惨な現状

現在、中国国内における、ウイグル、チベット、モンゴル各民族は、事実上、中国共産党政府にとっての「国内植民地」の状態に置かれている。各民族の「自治区」と呼ばれている地域で行われているのは、単なる人権弾圧の域を越え、各民族の自決権が完全に否定され、ナチス同様の民族絶滅政策、そしてスターリン同様の収容所国家が築かれている。多くの論者によって指摘されてきたことではあるが、以上三地域について簡単に現在行われている「植民地支配」の実態を報告する。

(一) チベット

中国共産党は一九四九年に蒋介石を追い出して権力を握るや、翌五〇年の段階で「人民解放軍の基本的課題は、本年中にチベットを『解放』することにある」と宣言している。そしてチベット国境地帯に軍隊を集結、一九五〇年からは軍事侵攻を行い、事実上の「一国二制度」である一七条協定を押し付けてきた。この過程は他の章で出たので繰り返さないが、中国がわがチベットを事実上「植民地化」したのはこの時が始まりである。付け加えておけば、この年は朝鮮戦争勃発の年であり、全世界の眼が朝鮮半島に吸い寄せられていたスキを突くものでもあった。

そして、中国政府が最初に行った施策は、「チベット民衆を搾取している」存在としてチベットの僧侶たちを攻撃したことである。その次には、これも搾取の象徴としてチベットの地主や、地域社会の指導者でもあった藩主など、いわゆる貴族階級を攻撃し始めた。私自身、その一人でもあったから、チベットの貴族・豪族に問題があったことはある程度知っている。だが、少なくとも、当時のチベット社会に西洋社会が考えるような農奴がいたわけではなく、搾取による飢餓が起きていたという事実もない。結局一国二制度でチベットの自治は守られるという約束は直ちに反故にされ、ダライ・ラマ法王制度の下で長年にわたってチベット社会を守ってきた歴史や伝統信仰、それに基づく社会秩序は共産主義イデオロギーのもと破壊されていったのである。

それに対しチベット民衆が抗議や抵抗を始め、特に遊牧民たちは勇敢にゲリラ戦を展開した。これをきっかけに、中国はチベットを完全に制圧下に置くため、一九五九年三月、ダライ・ラマ法王を、観劇に招待するという名目で、ラサに駐屯する中国人民解放軍駐屯地に呼び出そうとした。このままでは法王が中国軍の手に落ちると恐れたラサ市民は、武器もほとんど持たない状態で決起、中国軍による虐殺が始まった。法王はインドに亡命し、そこで一七条協定の破棄を宣言した。しかし同時に、中国の残酷なチベット支配と民族絶滅政策が同時に始まってしまったのである。「富裕層」「地主」「地域指導者」の「三階級」が民衆の敵とみなされ、続々と殺されていった。民衆の敵、と言っても、それは中国共産党の敵にすぎず、チベット民衆は彼らを尊敬し共に生きてきた人々なのだ。チベット仏教は勿論徹底した敵対思想とみなされ、僧侶は還俗を強制され、従わぬものは殺され、尼僧は侮辱を受け、寺院は破壊されていった。

一九五九年から七九年にかけてのチベットにおける犠牲者はチベット亡命政府の発表から一二〇万人に上る（拷問による死：約一七万人、処刑：約一六万人、中国軍との戦闘による死：四三万人、餓死：三四万人、自殺：約九千人、傷害致死：九万二千人）。

一九八〇年代以後、鄧小平・胡耀邦の改革の一時期においては、チベットにおいても多少はチベット語教育や宗教活動の自由が認められた時期もあった。しかし、今年二〇一九年七月、チベットに一時帰国した在日チベット人の証言によれば、現在、チベットは、一九六〇年代の文化大革命時代と同様の弾圧下に置かれている。

現在、中国政府は、チベットの各寺院に対し、中国公安が監視を強め、若い一八歳以下のチベット人が寺院に入ることを禁じている。さらに、チベットの各家ごとに番号を付け、住民の身分証明書をつくると共に、個々人の細かい個人情報のすべてを記録・管理しようとしている。チベット自治区内の移動や旅行、また病院での治療のため離れた県に行く場合も、すべて中国政府の許可を取らなければならない。

そして、文化大革命時代に行われていた、住民強制参加の「人民集会」が定期的に復活し、集められた住民は朝から夜まで共産党を讃美する話を聞かされ、逆らったり去る素振りをしたりすれば銃剣で脅される。また、大きな寺院からは僧侶が追放され、その後は観光施設としての寺院が形式的に残されるだけで、事実上仏教の学習や修行は禁じられる。今寺院で行われているものは、観光客にみせるための形だけの儀式に過ぎない。寺院の中には、共産党の赤旗や毛沢東や習近平の肖像画を掲げさせられている所もある。そしてチベットでは今や、文化大革命時代が再来しつつあるのだ。

（二）モンゴル（内モンゴル自治区）

文化大革命の時代、内モンゴル自治区には約一五〇万人弱のモンゴル人が住んでいた。しかし、あとから殖民してきた中国人すなわち漢族はその九倍にも達した。モンゴル人たちは自らの故郷において絶対的な少数派の地位に落ちていたのである。やがて中国政府と中国人（漢族）たちはモンゴル人全員を粛清の対象とし、少なくとも三四万六千人が逮捕され、二万七九〇〇人が殺害され、独自に調査したアメリカとイギリスの研究者たちはおよそ五〇万人のモンゴル人が逮捕され、殺害されたモンゴル人の数は一〇万人に達すると述べており、また、直接殺害された者と自宅に戻ってから亡くなった者、いわゆる「遅れた死」を含めて、モンゴル人犠牲者の数は三〇万人に達するという説もある。

この時期、特に女性に対しひどい虐待が行われている。次のような証言が残されている。

「中国共産党幹部たちは通訳の人を通して、私（モンゴル人女性）に『あんたたちモンゴル人の性生活は家畜のように乱れているだろう』とののしり、中国人の幹部たちは片手に毛澤東語録を持ち、もう片手で鞭を持って私たち九人の女性を叩いた。妊婦だろうと、年寄りだろうと、一切かまわずにやられた。親戚のNという二〇代の女性は殴られて流産したら、中国人たちは大声で笑い、喜んでいた。隣の集落から連れてこられたJという女性も性的な暴虐が原因で流産してしまった」

「ある日、中国人たちは私に『Mという年配の女性を殴れ』と命令してきた。私が断ると、逆に叩かれた。Mは『彼らの命令にしたがって私を殴ってください。あなたはまだ若いし、子どもたちもいるから、生きなければならない』と私を励ましてくれた。一週間後、Mは自殺した。私も絶望していたが、子どもたちのことを考えて耐えるしかなかった。結局、私たちの集落の女性たちはみんな身体に重度の障害が残った」

このような犯罪は現在まで罰せられることもない。性的な犯罪をうけたモンゴル人女性は沈黙を強いられたまま本日に至る。女性たちが自らの被害について語れない中国社会は、二次的な加害行為がまだ続いていることを意味する。

現在においても、内モンゴル自治区は事実上中国人共産党による支配下にあり、資源の乱獲、公害企業の無原則な誘致による環境破壊と草原の砂漠化が進み、モンゴル人の伝統的な遊牧生活は不可能な状態にある。モンゴル人の正当な自治権や民族のアイデンティティを護ろうとする運動家は厳しい弾圧にさらされている。

（三）ウイグル（東トルキスタン）

現在の新疆ウイグル自治区（東トルキスタン）において、中国政府は、大勢の著名な文化人を含むウイグル人を、法的根拠もなく無差別に強制収容している。その実数はわからないが、二〇一八年には国際的な人権団体、ヒューマン・ライツ・ウオッチが、ウイグル人が法的手続きなしに拘禁され、政治的な洗脳を強制され虐待されているとして「文化大革命以降、最悪の人権侵害」と指摘している。また、二〇一九年七月一八日には、ポンペオ米国務長官がウイグル人の百万人以上が強制収容されており「現代における最悪の人権危機で、まさに今世紀の汚点だ」と非難した、欧州議会は、二〇一八年一〇月と二〇一九年四月に、ウイグル人等を対象とした大規模な強制収容を非難する決議案を採択し、強制収容所の閉鎖と収容者の釈放を要求している。

強制収容所では、悪しき環境や拷問、虐待などにより死者が続出されているともされるが、遺体すら家族に返されることなく秘密裏に処分されるケースがほとんどである（強制収容所近くに多くの大規模火葬場が建設されている）。遺体が家族に返されないことの背景には、拷問による傷害致死を避けるため、また、臓器売買に使われている可能性も否定できない。これは現代におけるアウシュヴィッツというべき犯罪行為である。

カザフスタン国籍のため、収容所をかろうじて釈放された、オムル・ベカリ氏の証言による、収容所の日課を紹介する。

四時：起床。一時間ほど布団をきっちり四角に畳む練習。
五時：共産党や国家をたたえる歌を歌う。
六時：全員が壁に向かい一列に並び、スピーカーから流れる国歌を一緒に歌う。
七時：朝食（饅頭一つとお粥か野菜スープ）
八時：共産党を称える歌を繰り返し歌う。中国のウイグル政策の素晴らしさ、分離独立主義者や過激主義者の定義など、プロパガンダ政策を繰り返し勉強させられる。
一二時：昼食（朝食と同じ）。食事前に「共産党がなければ新しい中国は無い。社会主義は素晴らしい」などの歌を繰り返す。食事が来ると全員で「党に感謝、国家に感謝、習近平に感謝、習近平の健康を祈る、国家の繁栄を祈る」など、大声で三回繰り返してから食事。午後も、プロパガンダ学習を繰り返す。トイレには、決められた時間にしか行けず、二〜三時間待つこともあった。

学習と会話は全て中国語。オムルさんは中国語を拒否して拷問を受けた。豚肉を食べることを拒否しても同様だった。拷問は、警官が持つ棒で二〇回ほど背中を殴られ、壁に向かって二四時間まっすぐ立たされる。固定された鉄製の椅子に座り、手足を椅子に鎖で縛った状態で二四時間。二日も三日も、反省の態度を示すまで縛られ、食事も水分も与えられない。五平方メートルぐらいの真っ暗な部屋に二四時間閉じ込められたり、真夏に暑い場所にパンツ一枚で立たされたり、冬に氷の上に裸足で立たされ水をかけられたりすることもあった。天井から両手を吊るされ、汚水の池に首まで浸からされた人も見たという。

頻繁に人が入れ替わったが、連れていかれた人がどうなったか、一切分からない。病気で亡くなる人もしょっちゅういた。同じ部屋の二人が目の前で死ぬのを見たという。

中国政府は収容所の存在を認めなかったが、証言や告発が行われた後は「再教育センター」「職業訓練センター」と名付け、過激なイスラム教徒を再教育するための施設だと強弁するようになった。

中国政府はこれらの行為を、しばしば「テロ防止」「過激派の取り締まり」「再教育」と自己弁護する。しかし、これはジョージ・オーウエルが『一九八四』で描いた世界の再現である。最悪のテロ組織であり、自分たちの価値観以外の存在を収容・虐殺する過激派であり、教育ではなく暴力しか信じない中国政府が、「反テロ」「反過激派」「教育・矯正」を主張すること、これは言葉を収奪し恣意的に操る全体主義政権の行為に他ならない。

同時に、この中国政府の犯罪行為は、一帯一路という、経済政策に名を借りた全世界の覇権国家を目指す侵略主義の反面でもある。ウイグル、チベット、モンゴルへの弾圧は、同地の民族を絶滅させることで、各地域を大陸侵略の基地にすることを目指しているのだ。

これらの地域は、本来、各民族の自決権が認められるべき地域である。その地を植民地支配している中国政府は、現在、香港、台湾と共に、日本をも射程に収めようとしている。

このような中国政府の指導者であり、民族虐殺者である習近平主席を国賓待遇で日本に招請することは、ヒトラー、スターリン、毛沢東、ポルポトなどの虐殺者・抑圧者を国賓として招くことに他ならない。しかも、国賓待遇での招請は、天皇陛下との謁見や晩餐会などが組まれる可能性が高いのだ。習近平がその血塗られた手のまま、常に世界の平和と安寧を願っておられるはずの天皇陛下と共に写真におさまることになれば、中国政府はその映像を世界中にばらまき政治宣伝として使う事だろう。そのようなことを許せば、安倍首相も、そして主権者たる日本国民も、後世に顔向けができないほどの不名誉な恥を日本の歴史に刻み込むことになるのだ。

習近平国賓来日が「白紙」に戻った？

六月六日産経新聞は「習主席国賓来日、年内見送り　事実上の白紙」と題し、「日中両政府が、新型コロナウイルスの感染拡大の影響で延期した中国の習近平国家主席の国賓としての来日について、年内の実施を見送ることが五日、分かった。習氏の来日は来年以降も無期延期状態が継続するとみられ、事実上、白紙となる公算が大きい。中国のコロナ対応や香港問題などへの強硬姿勢をめぐっては、米国をはじめ世界各国で批判が高まっており、政府高官は『習氏は来日できないし、来ないだろう』との見通しを明らかにした」と報じた。これは何よりも、習近平国賓来日に断固反対する姿勢を見せた良心的な国会議員、そして民間で起きた署名運動、抗議デモなどの成果である。その意味で、日本の自由民主主義が勝利したあかしともいえるだろう。

しかし同記事は次のようにも付け加えている。

ただ、日本政府は「最も重要な二国間関係の一つ」として対中関係を重視している。日本側から習氏を招いた形をとっていることもあり、習氏の国賓来日に向け中国側と意思疎通を続ける体裁は保ちつつ、日中関係の発展や懸案事項の改善を図る方針とみられる。

つまり、「日中関係の重視」という視点並びに、今後とも中国との友好関係は維持され続けるし、現時点で、仮に安倍政権から、中国の人権問題に対する何らかの批判的な言辞が出されたにせよ、それは所詮「言葉」にすぎず、政治的な実際の効果を伴うものではない。いま必要なのは言葉だけではなく、経済制裁など、何らかの打撃を中国に与えうる法案や外交政策である。せめて、中国に対する人権問題における国会決議や、アメリカが現在作り始めているような「ウイグル人権法案」のような、現実の弾圧の責任者や中国企業への罰則を表すような法案が作られない限り、中国共産党は何ら脅威と感じないだろう。

その意味で、今筆者は、中国のみならず、アジアの自由と民主主義、民族自決権の確立を目指す「アジア民主化議連」のような連帯組織を、日本の志ある国会議員が、超党派で作ることを呼び掛けたい。そのような議連が結成されれば、中国国内におけるウイグル、チベット、南モンゴルなど各民族への絶滅政策から、民主化運動への弾圧、法輪功修練者への臓器摘出、さらには北朝鮮やベトナムなど、いまだに残るアジアの独裁政権に対する総合的な取り組みも可能になるはずだ。人権を重んじ、独裁政権や植民地支配を否定する議員が、この議連に参加できない理由はどこにもない。その意味で、この議連の発足は、真の志を持った政治家と、そうではなく口先だけの政治家とを峻別する機会にもなるはずである。

第九章　日本が目指すべき道

安易な「改革」ではなく　過去の日本の美点を復興せよ

今回の新型コロナウイルス感染症は、「経済大国」日本の足腰がいかにもろくなっているかを実感させられたと言えるだろう。マスクや消毒液が一時的とはいえ店頭から消えたことは、人間の生活に最低限必要な衣食住のシステム、健康や命を守るための医薬品なども含めて、多くを自給できず他国からの安価な生産物輸入に頼っていたことの象徴である。そして、政府が配布したマスクが我が家に届いた時、もちろんありがたくはあったけれども、かつてのモノづくりの国日本とは思えぬ、正直ウイルス防止策としては疑問の残る作りだった。もちろん、これをいちいち政権の批判に結び付ける気はない。これは担当した業者の責任である。しかし、私は自分が訪れた六〇年代、そして青春を送った七〇年代の日本ならば、このような事態の時ももう少し対策が取れたのではないかと思わざるを得なかった。

大東亜戦争後、日本は一九七〇年代までに、戦後復興と経済成長をほぼ成し遂げた。しかし、その後の八〇年代のバブル時代から、現在のいわゆる行き過ぎたグローバリズムと過剰なまでの消費資本主義を経て、実は様々な美点を失ってしまっている。いま日本に必要なのは、それらの美点と価値観を新しい時代のなかで復興していくことではないだろうか。

まず、日本人はほとんどが、かつて地域社会の共同体の中で生活し（会社もある種の共同体だった）その中で食べていけるだけのものは生産し、また自分の家族の、過去から引き継ぎ未来へもつながっていく家を所有していた。その家も、ほとんど国内の材料で作られていた。家族制度が社会の基礎であり、農業、工業、第三次産業が調和して発展していくシステム、それも社会のペースに合わせた充足・安定した発展を目指していた。

そのような社会や生活を閉鎖的なムラ社会と否定して、個人の自由、自立を無条件で家族や共同体よりも価値あるものとみなし、人々は家や共同体を捨てて、中心都市部のマンションへと移り住んだ。今や代を経て、次第に人々は自分の故郷も失っている。タワーマンションを見るたびに、あの数十階の建物に住んでいる人は、万が一電気がなくなったらどうするつもりなのだろうと私は思うのだが、そのマンションも、おそらくかつての日本の家屋とは異なり、数十年、せいぜい一〇〇年も経てば建て直すことになるのではないか。私は時々、あのタワーマンションの群れがバベルの塔に見えて仕方がない。

歴史や伝統がすべて偉大なもの、優れたものではないだろう。しかし、少なくとも先祖が何百年もかけてつちかってきた生活スタイルや共同体の在り方に対しては、一つの民族の知恵として尊重し、たった一代、せいぜい数十年にすぎない自分の人生や、その中での価値観よりも優れているのではないかという、せめてそれくらいの自省の念は持つべきではないだろうか。「進歩」「国際化」「グローバリズム」と言った、それ自体では何ものも意味しない空虚な観念によって自分たちの生き方を左右される必要はないのだ。

特に一九八〇年代以後、人間の価値がすべてお金に換算される傾向が強まってきている。しかし、本来、家庭や地域共同体において、主婦には主婦の、また、老人には老人の役割というものがあったはずだ。それは金銭を生み出す仕事についているかいないかとは全く異なった次元の価値観である。これは学問の世界にも及んでおり、研究成果がすぐにわかるもの、もっと言えば、企業によって商品化されるか否かが学問研究の価値として考えられてしまうようになれば、大学という場所も、人間の知的活動もゆがめられてゆく。宗教学、哲学、形而上学のような目に見えない価値を重んじる学問が、大学でも軽んじられていくのだ。

私はこのような強欲な消費資本主義こそが、ある意味、現在の中国の価値観と親和性を持っているのではないかとすら考えている。中国は今、チベットやウイグルのみならず、中国人自身の伝統文化も信仰も、歴史伝統も踏みにじっている。彼らが信ずるものはお金と、もう一つは暴力であって、ともに直接的な力となるものだけだ。そして、中華思想に基づく一帯一路政策は、最悪の意味でのグローバリズム、中国の経済と武力が世界を影響下に置くことである。そこには中国に搾取される各地域の廃墟が続き、家族も共同体も解体され、万人が万人に対し敵である弱肉強食の世界が生まれるだろう。そして、経済的弱者はますます疲弊し、格差は拡大する一方となる。しかし、繰り返すが、この中国が目指す世界と、強欲な消費資本主義、一部の企業が富を独占し、ある種の経済的帝国主義下で弱小国から資源が搾取され、安価な労働力で人々が厳しい労働を課せられる社会との間に、本質的な差があるのだろうか。

日本はまず、この新型コロナウイルスの体験をもとに、少なくとも経済的、社会的に弱い立場の人々を救済できる社会を目指すべきである。不十分とはいえ、日本政府には、このような苦境の時には国家が国民を経済的にも支援せねばならないことを再認識するきっかけとなったはずだし、また、地域共同体が守られていれば、おそらくもっとスムーズに対処できたことを国民も悟ったはずだ。

実は、日本よりはるかに小さな国、ブータンの実例がある。ブータンの感染者は二〇数名。もちろん、これは人口比の問題があるので比較には意味はない。大切なのはこの感染者に対し、ブータン国王の私財をもとに、このような非常時のための「苦楽を共にする財団」が存在し、また国民の寄付による資金が直ちに対策に使われたことである。そして、ブータンの国会議員は感染者が見つかった時点で直ちに一カ月分の給料を救済資金として寄付し、官僚も自発的に協力した。ホテルや旅館も、治療のために部屋の提供を申し出、レストランもそのために食事を提供した。

日本が今回、欧米のような強制的なロックダウンを行わずとも、現段階では感染者のコントロールにある程度成功したことを「ジャパンモデル」として評価するのは当然だと思う。しかし、このブータンのように、多くのアジアの国はそのような伝統を国ごとに持っている。日本も、その伝統を復興させることが、このコロナに限らず、多くの問題を解決することにつながるだろう。

中国にコロナウイルス感染とその犠牲に対する責任を問え

ただし、今回の感染症に対し、その責任を持つ中国政府に責任を取らせること、これもまた絶対に行わねばならないことである。現在中国政府は恥ずかしげもなく、国内では、わが国の政府が優れた政策をしたからこそ感染症を抑え込んだのだと宣伝し、国外に対しても同様に、マスクの配布などでいかにも自分たちが世界に貢献したかに見せかけようとしている。中国で犠牲になった人たちのためにも、習近平政権の初期の情報隠蔽、そして現在も続く無責任な態度を許してはならない。もし、そのことを怠れば、中国はそれを弱腰と判断し、さらなる侵略行為や犯罪を世界において重ねていくだろう。

本書で私は、アメリカの問題点、特に国際社会への軽視を指摘してきた。しかし、現在日本はアメリカの同盟国である。それぞれ問題を抱えてはいても、自由民主主義陣営の一員である。それならば、現在中国と対峙しているトランプ政権に対し、アンフェアな態度は慎むべきだろう。

このようなことを書くのは、まず、現在のマスコミ報道に明らかに不公正さが感じられるからである。本書を執筆している六月現在、アメリカでは黒人男性が警官により圧死させられたことをきっかけに大規模なデモが発生、一部が暴動化している。確かにアメリカにはいまだに人種差別が存在しており、それに怒り抗議する人たちがいることも当然だ。しかし、それはあくまで合法的な範囲で行われる限り国民の権利として認められているのであって、一部ではあろうが、暴動や略奪が許されるはずもない。しかも、少なくとも同じ法律で警官も罰せられ、かつマスコミが自由に大統領を批判できる民主主義体制と、チベット人やウイグル人、モンゴル人が民族絶滅政策にさらされ、正当なデモの権利すら奪われつつある香港の状況を同列に並べるかのような印象操作的な報道や発言を私はしばしば目にしている。

さらに、トランプ政権の一連のウイグル問題などでの中国政府批判の言説を、まるで選挙目当てのものであるかのように紹介したり、その背後にある政治的計算をことさらに強調したりするような「解説」も目にするが、仮にそのような面があったとして、ウイグル人らに対し中国が行っている行為が正当化できるとでもいうのだろうか。そして、残念なことに今の日本政府も各政党も、また国会も、「選挙目当て」ですら、アメリカのような中国批判を行ってはいないのである。

日本でも、岡本行夫氏や志村けんさんを含め、多くの著名人が感染症で苦しんだり命を落としたりしている。それは悲しいニュースとして取り上げられる。それは勿論当然だが、これも中国の責任であること、少なくとも初期の隠蔽工作に大きな要因があることは確かなのだ。同盟国として今、アメリカと共に、また世界各国と共に歩調を合わせ、中国の責任を問わねばならないはずだ。もしも、「今後、ワクチンなどが開発され、世界が安定化してからゆっくりと責任を問えばよい」などと考えているとしたら、その間に中国は自国に不利なあらゆる証拠を葬り去ってしまうことだろう。

これは単に道徳や責任の問題だけを語っているのではない。私は今回、イギリスのボリス・ジョンソン首相が、中国に対し、この香港問題で明確に、香港返還の際の協定は国際条約であり、香港の一国二制度、特に司法制度に五〇年間は手を付けないとした約束は絶対に守られねばならないと、香港に中国が敷こうとしている国家安全維持法に断固反対する言葉を述べてくれたことに心より共感する。さらに、ジョンソン首相は、かつての宗主国として、現在イギリス国籍の香港人三五万、また今後国籍を希望する香港人も、約二五〇万人を受け入れる用意があるとまで述べた。トランプ大統領も、香港の亡命者を受け入れる意志を示唆している。私も難民として祖国を追われた人間として、このような言葉は本当に力づけられる。ただ、ここで一抹の不安感があるのだ。

私は、中国は香港という港は欲していても、香港人、特に民主化を訴える香港人は邪魔に思っている。今回の香港国家安全維持法により、香港に中国が直接圧力を加えることが可能となれば、内陸からの軍隊を呼び寄せ、かつての天安門事件のような徹底的な弾圧を行う可能性が高い。そして、今闘っている香港市民を追い出してしまい、後は中国にとっての軍港と商業都市として管理すればいいことなのだ。香港の現在のような国際的な金融商業都市としての地位など、一帯一路政策全体から見れば捨ててもいい。彼らがイギリスなどに亡命するのならそれはそれで構わない。中国政府がそう決断した時、血の弾圧が今度は襲う。だからこそ、今、報道機関の力が必要であり、日本政府の断固たる姿勢も、国会における香港支援の決議も必要なのだ。

中国政府は今チベットを「陸のシルクロードのゲートにする」と発表している。一帯一路の陸のゲートが敷かれるということは、同地のチベット人もまた不要な存在となるのだ。中国のこのような姿勢を防ぐためにも、今回のウイルスのように、隠蔽や国際法に反する行為には国際社会が許さない、という警告を与えねばならないのである。それは単に香港を守ることだけではない、日本を、世界を守ること、世界の自由民主主義を護り促進することにつながるのだ。

日本が進むべき「王道」

今後の日本の進むべき道は「王道」である。国内的には、自給自足経済の再建のための、地域共同体、家族共同体、また消費資本主義を克服した、真の意味での「経世済民」、国民の最低限の衣食住と医療を国家が保証し、また、弱者への救済を忘れない優しい国を作ることだ。実際、一九六〇年代から八〇年代初頭までの日本はそのような国だったのだ。

そして、国際的にも、アジア諸国の若者が希望をもって来られるような国を目指すこと。現在の欧米のように安価な移民として受け入れてしまい、今度は追い出しにかかるような姿勢ではなく、各国から基準を明確にした留学生をできるだけ平等に受け入れ、その後の学習ケアも考えるような受け入れ体制を取ること（現在は中国からの留学生が全体の七割を占めるアンバランスな形となっている）。そして、共産主義をはじめあらゆる独裁体制、全体主義体制に対しては断固として戦い、自国のみならず、他国における人権侵害や弾圧を許さない、勇気ある価値観外交を行うような国家を再建する時なのだ。

実は、このような理想の原点は、私が最も政治思想的に影響を受けた、民主社会主義の理念、日本の今はない政党、旧民社党系（民社研）の先生方の政治思想から学んだことなのだ。

民社党、その思想的基盤である民主社会主義こそは、私は今日本のみならず、アジアで再評価されなければならない政治思想だと考えている。まず、この政治思想は、左右のいずれの全体主義・独裁主義、つまりファジスムやナチズム、人種差別思想とも、また暴力革命を目指す共産主義をも拒絶する。人種や民族による差別や、中華思想のような民族優位主義は勿論許さないのと同様、人間社会を階級や経済の問題だけに収斂し、個々人の人格や努力も否定する唯物論や階級闘争論にもくみしない。あくまで目指すのは「伝統文化に根ざした共同体の保障」「貧富格差の是正」「勤労の重視」、そして政治的には秩序ある法治の精神下での民主主義であり、経済的には、私有財産を否定はしないが、企業による労働者への不当な搾取、行き過ぎた資本主義派共同体を破壊したり、回復不可能な社会格差を作り出したり、また、勤労に属さない闇経済やマネーロンダリングなどが経済を席巻したりすることを政府が抑制し、富の再分配をスムーズに行うことだ。

勿論、私が六〇年代に学んだ民主社会主義の理論がそのまま現代に通用するものではない。しかし、強欲的な資本主義にも、全体主義的な専制体制にも、そして、共同体を破壊する行き過ぎた自由に対しても抑制する精神を備えた政治思想として、今、民主社会主義は、ここアジア、何よりも中国の未来にとっても必要である。

ソ連、東欧は民主化された。しかしそのあとに起きたのは、資本主義が無秩序のまま欧米資本と共に急激に流入、ある種のマフィア経済が出現、社会は分断され、格差は拡大、疲弊したロシアには再び強権体制が現れた。アラブの民主化とその後の混迷も同様である。単なる民主主義を制度として押し付けても、安定した経済や社会秩序、政治教育のないところに、長期的で安定した民主主義は根付かない。中国もまた同様であり、現在の拝金主義と弱肉強食の経済システムのままで、民主主義の価値である自由や平等、人権が確立されるのは困難である。

日本のかつての社会は、その言葉は使われていなくても、先述した「共同体の保障」「格差の是正」「勤労の重視」を兼ね備えたものだった。ここから、福祉の精神も、相互補助の心も生まれてくる。何よりもこの姿勢は、自らの欲望を精神でコントロールし、勤勉・勤労を尊び、貧しさを憂うるのではなく、人々の価値が富で測られるような等しからざる世界を憂いた、仏教信仰をはじめとするアジア人の普遍的な宗教精神が反映している。私たちを未来に導く道は、実は過去の遺産と伝統の中にすでに示されている。コロナ後の世界に見出すべきは、そのような、古く、かつ、永遠に新しい理想への道である。

おわりに　香港国家安全維持法の施行を受けて

チベットを滅ぼした「チベット一七条協定」とほぼ同じ性質のもの

本書の執筆がほぼ終わった七月はじめ、香港国家安全維持法が正式に施行された。チベット人である私が改めてこの法律を読み直してみるとき、この法案が、かつて一九五一年、中国政府がチベットに押し付けた一七条協定とほぼ同じ性質のものである。

本書第三章でもすでに述べたことではあるが、この法律の危険性を理解していただくため、最後にもう一度、詳しくその内容を両者を比較しつつ述べておきたい。

この法律により、香港はチベット同様、中国政府の「植民地」となってしまうだろう。それに続くのは残酷な弾圧である。そして今、香港を私たちが見捨てれば、次には同じ運命が日本に襲ってくるかもしれないのだ。

《チベット一七条協定》

第一条：チベット人民は団結して、帝国主義侵略勢力をチベットから駆逐し、チベット人民は中華人民共和国の祖国の大家族の中に戻る。

（ダライ・ラマ法王日本代表部ホームページより）

《香港国家安全維持法》

第一章　総則第一条：「一国二制度」、「港人治港」（香港住民による香港管理）、高度の自治の方針を揺るぎなくしかも全面的かつ正確に貫き、国家の安全を守り、香港特別行政区に関連する国家分裂、国家政権転覆、テロ活動の組織・実施及び外国または域外勢力と結託して国家の安全を害する等の犯罪を防止し、阻止し、処罰し、香港特別行政区の繁栄と安定を維持し、香港特別行政区住民の合法的権益を保障するため、中華人民共和国憲法、中華人民共和国香港特別行政区基本法及び香港特別行政区における国家安全維持の法制度及び執行メカニズムの導入・整備に関する全国人民代表大会の決定に基づいて、この法律を制定する。
（新華社通信による日本語訳）

双方の条約はまず冒頭で、チベットも香港も、前者は「帝国主義侵略勢力」後者は「外国又は域外勢力」を追放し処罰することが掲げられている。しかし、一九五一年のチベットにもいた外国人はごくわずかであり、かつチベットを「帝国主義」的に侵略していたわけでもない。もちろん現在の香港も、「政権転覆」「国家分裂」の活動が「域外勢力」と結託して行われているはずはなく、香港の多数の人々が訴えているのは中国政府が国際的に約束したはずの一国二制度の維持である。また、香港における民衆の運動は、確かに国際的な自由と民主主義を守ろうとする人たちによって支持されているが、それは外国勢力が運動を指導しているわけでは全くない。

しかし、中国政府は「国家の安全を害する」とみなした存在を全て「犯罪」とみなし処罰するつもりなのだ。そして、「チベット人民は中華人民共和国の大家族の中に戻る」という、チベットが独立国であったという歴史的事実を無視した侵略者の言葉は、これまで一定の民主主義や言論の自由が認められていた香港を、完全に中国共産党独裁体制の支配下に置こうとする中国共産党の発想とまったく同じである。

最初から条約を守る気がなかった中国

《チベット一七条協定》

第二条：チベット地方政府は、人民解放軍がチベットに進駐して、国防を強化することに積極的に協力援助する。

第三条：中国人民政治協商会議共同綱領の民族政策に基づき、中央人民政府の統一的指導のもと、チベット人民は民族区域自治を実行する権利を有する。

第四条：チベットの現行政治制度に対しては、中央は変更を加えない。ダライ・ラマの固有の地位および職権にも中央は変更を加えない。各級官吏は従来どおりの職

に就く。（中略）

第七条：中国人民政治協商会議共同綱領が規定する宗教信仰自由の政策を実行し、チベット人民の宗教信仰と風俗習慣を尊重し、ラマ寺廟を保護する。寺廟の収入には中央は変更を加えない。

《香港国家安全維持法》

第四条：香港特別行政区は国家の安全を守るとき、人権を尊重、保障し、香港特別行政区住民が香港特別行政区基本法及び「市民的及び政治的権利に関する国際規約」「経済的、社会的及び文化的権利に関する国際規約」の香港に適用される関係規定に基づいて有する、言論・報道・出版の自由、結社・集会・行進・示威の自由を含む権利と自由を法によって保護しなければならない。

第五条：国家の安全を害する犯罪を防止し、阻止し、処罰するときは、法治の原則を堅持しなければならない。法律で犯罪行為と定められているときには、法律によって罪を定め刑に処する。法律で犯罪行為と定められていないときには、罪を定め刑に処してはならない。

一七条協定における前者の部分は、当初中国政府がチベットに対し約束していたことである。しかし、中国政府は周知のとおり、これらの条約を一切守ろうとしなかった。第二条によって人民解放軍のチベット進駐（侵略と占領）が実現したのちは、チベット人の政治的自由も、信仰の自由も、そしてダライ・ラマ法王制度を中心とした伝統的な政治体制もすべて否定され、法王はインドに亡命せざるを得なくなったのである。その後に起きたのはチベットの完全な植民地化であった。

そして香港の国家安全維持法も、第四条、第五条を文章だけで読めば、思想、言論、政治行動の自由が認められているように読めるだろう。しかし、これは確実に踏みにじられる。続いて以下のような重要な条文が安全法後半に記されているからだ。

《香港国家安全維持法》

第一五条：香港特別行政区国家安全維持委員会に国家安全担当顧問を置き、中央人民政府が指名派遣し、香港特別行政区国家安全維持委員会の職責履行に関連する問題について意見を出させる。国家安全問題顧問は香港特別行政区国家安全委員会の会合に列席する。

この条文により、香港における「国家安全維持委員会」は中国政府から派遣された人間の監視下、統制下におかれることになる。実権を中国政府が握るようになれば、今後の香港市民への弾圧がいかに厳しいものになるかは簡単に予測され、しかも、香港における「民主化運動」は、すべて中国政府に対する反抗、分離活動とみなされてしまうだろう。それはチベット、ウイグル、南モンゴルでも起こったことである。民族自決や自治を求める人々はすべて「分裂主義者」として虐殺されていったのである。

《香港国家安全維持法》

第二〇条：何人も次の各号に掲げる、国家の分裂、国家の統一破壊を狙う行為の一つを組織し、画策し、実施しまたは実施に加わったときには、武力を使用しまたは武力で威嚇したか否かに関わらず、犯罪となる。

一項、香港特別行政区または中華人民共和国のどこか他の部分を中華人民共和国から分離させること。

二項、香港特別行政区または中華人民共和国のどこか他の部分の法的地位を不法に変更すること。

三項、香港特別行政区または中華人民共和国のどこか他の部分を外国の統治に帰させること。前項の罪を犯したときは、首魁（首謀者）または犯罪行為の重大な者を無期懲役または一〇年以上の懲役に処する。積極的に参加した者は、三年以上一〇年以下の懲役に処する。その他の参加者は、三年以下の懲役、拘留または管制に処する。

第二二条：何人も次の各号に掲げる、武力、武力使用の威嚇またはその他の不法な手段によって、国家政権の転覆を狙う行為の一つを組織し、画策し、実施しまたは実施に加わったときには、犯罪となる。

一項、中華人民共和国憲法で確立された中華人民共和国の根本的制度を覆し、壊すこと。

二項、中華人民共和国の中央政権機関または香港特別行政区の政権機関を覆すこと。

三項、中華人民共和国の中央機関または香港特別行政区の政権機関の法に基づく機能遂行を著しく妨害し、阻害し、破壊すること。

四項、香港特別行政区の政権機関の職責履行の場所とその施設を攻撃、破壊し、正常な機能を遂行できないようにすること。前項の罪を犯したときは、首魁または犯罪行為の重大な者を無期懲役または一〇年以上の懲役に処する。積極的に参加した者は、三年以上一〇年以下の懲役に処する。その他の参加者は、三年以下の懲役、拘留または管制に処する。

このような条文で強調されているのは「中国中央機関」と「香港特別行政区」は政権機

関として一体となること、同時に、「中華人民共和国憲法で確立された中華人民共和国の根本的制度を覆し、壊すこと」つまり、民主化運動も、香港の自治を求める運動も、犯罪として処罰されることに他ならない。中国における一国二制度とは、結局、中国政府の完全な支配下に各民族や香港のような自由都市を飲む込むことなのだ。

一九八七年、八八年、チベット人は激しいデモや抗議行動を行い、民族自決、ダライ・ラマ法王帰還を求めた。それに対し、中国軍は徹底的な弾圧を加え、事実上の戒厳令をチベットに敷いた。そして現在に至るまで、チベットは戒厳令下のままである。そして、デモの首謀者は皆逮捕され、見せしめのために処刑されたものもいる。私は今、香港も同じ運命をたどり、警察を攻撃したとされる市民が処刑されるのではないかと恐れている。暴力による恐怖支配、そして搾取による植民地支配、それが中国政府の本質である。だからこそ、香港の次に中国が狙っているのは台湾であり、沖縄であり、日本であるという警戒心を失ってはならないのだ。チベットとの一七条協定のなかで、中国政府は当初「チベットに進駐する人民解放軍は、前記各項の政策を遵守する。同時に取引きは公正にし、人民の針一本、今糸一本といえども取らない。（一三条）」と述べていた。しかし、現実にチベットは人間の命も、資源も、様々な財産も文化遺産もすべて破壊されるか奪われてしまった。
日本がいつかそうならないと誰が断言できるだろう？

法律に隠された「最悪の内政干渉」

さらに、この法律には次のような条文もある。

《香港国家安全維持法》
第三八条：香港特別行政区の永住民の身分を備えない人が香港特別行政区外で香港特別行政区に対し、本法に規定する犯罪を実施した場合は、本法を適用する。

これは恐るべき言葉で、日本を含む外国人が、香港民主化を支援することまで否定しかねない法律である。これこそ、中国の伝統的な悪弊である中華思想「天下一国家」という、中国は世界の中心であり他国はすべて従属国、朝貢国だという発想に他ならない。これでは、香港の活動家が亡命して以後も彼等は法的な監視対象となり、亡命地での活動や発言までも逮捕対象となりうるし、そのような人たちを支援する人々や団体も処罰対象となるのだ。これこそ最悪の内政干渉であり、この一文だけでも、国際社会は連帯してこの法律の破棄を求めるべきである。

今の日本に必要なのは「言葉」ではなく「圧力」だ

そして、中国政府は現在、日本固有の領土であるはずの尖閣列島に対し、ここ数カ月、毎日のように不法な領海侵犯を行っている。これに対し、幸いなことに、日本の良心的、愛国的な議員たちが連帯して立ち上がり、もはや抗議の意思を込めて否定されるべき習近平主席の国賓待遇での招請を中止することを日本政府に求めているが、残念なことに、二階俊博自民党幹事長、林幹雄自民党幹事長代理などの親中派政治家は、彼らの訴えに耳を貸さず、自民党を今こそまとめるべき立場の職にありながら中国政府を庇い党員たちの声を無視している。

今のところ、河野太郎防衛大臣が、有力政治家のなかでは明確に中国の不法行為に声を挙げており、今後も河野氏の言動に注目していきたい。特に今年一月にワシントンにて行われたシンクタンクＣＳＩＳ（戦略国際問題研究所）における講演会で、見事な英語で、中国当局の船舶による尖閣諸島周辺への侵入を批判し、それも単に日本への不法行為という点だけではなく「東シナ海、特に尖閣諸島周辺で、『力』を背景とした一方的な現状変更の試みが、間断なく続いている。日本はこうした挑戦的な活動を見過ごすことはできない」「自由や民主主義といった国際的なルールをないがしろにするならば、国際社会と連携して相応のコストを支払ってもらう状況を作る必要がある」と述べたことは、安倍首相がある時期まで明確に主張していた「自由で開かれたインド太平洋」構想の精神を明確に示すものであった。いま必要なのは、中国に対し、言葉だけで「遺憾の意」や「要請」「抗議」を示すだけではない。侵略と弾圧、覇権主義を中国に放棄させるために、国際社会が具体的に何らかの圧力をかけることであり、日本はそれができる立場にいるはずなのだ。

そして今、世界で起きているのは、米中の新たな「戦争」である。これは単なる経済戦争ではない。自由と民主主義の側に立つか、共産主義全体主義の側に立つかという根本的な価値観の対立なのだ。しかし日本の評論家やコメンテーターの中には、「日本は米中間で難しい立場に立たされている」「日本は選択を試されている」などと、まるで部外者のような立場に立とうとする人が目につく。中には、「アメリカも中国もそれぞれ問題がある、ともに覇権国家である、どちらに着くべきでもない」といった、「中立」こそが正しいのだという人もいる。

これは全く現実政治を見ない人々の言葉だ。日本は、現在アメリカの同盟国であり、自由と民主主義という政治制度を、少なくとも一党独裁よりも人間を幸福にするシステムだと確信して選択している。それならば、自由民主主義対独裁全体主義の闘いにおいて、中立などはあり得ないし、選択の余地などは本来ないはずだ。アメリカにも様々な欠点や傲慢さがあることは、日米の歴史を見れば確かに明らかである。

しかし、それならば私たちは、現在の中国という、いまだに植民地体制を国内で維持し、一帯一路政策に象徴されるような世界侵略の構想を頂き、今回のコロナ感染症のような世界にパンデミックを引き起こすような、そのような全体主義体制の側に着くのだろうか。

今こそ日本は、自由と民主主義の側に立って、かつての日本がそうであったように植民地の解放を目指して立ちあがるべき時である。そして、それを何よりも望んでおり、その姿に誰よりも励まされるのは、チベット人を含む、今中国政府に支配され、あるいは脅かされているアジアのすべての人々なのだ。

付録　チベットは中国共産党に勝利する

以下に掲載するのは、二〇一七年三月一一日、アジア自由民主連帯協議会主催の講演会で私が語った内容を編集したものである。ここに、私なりのチベットへの想い、そして、チベット仏教をはじめとする、正しい信仰と思想は必ず中国共産党の中華思想と暴力による人間抑圧の体制に勝利するという確信が込められているので、本書に特別に収録しておきたい。なお、最初にお断りしておくが、以下の内容はすべて私個人の意見であり、チベット亡命政府並びに如何なる組織を代弁するものでもない。

近代化に立ち遅れたチベット

こんにちは。きょうは長年、チベットに尽くされた方々、またいま頑張っている方々、たくさん見えていまして、本当にうれしく思います。

本来であれば、五十数年間、私たちは毎年この時期に、来年、ラサで乾杯しようと言い続けてきました。本来であればそろそろきょうの演説あたりで独立に向けてとか、あるいはこういう国をつくりたいというようなビジョンがあれば一番いいのではないかと思いますが、残念ながら六〇年近くなっても、チベット問題は悪化することがあってもあまりよくなってはいないと思います。もし、何か評価できるものがあるとすれば、チベット問題が世界的に一応分かるようになった。これは評価できることだと思います。

ただ残念ながら、現在のチベット問題の取り上げられ方の中には、やや不十分と申しますか、誤解されかねない一面もあるように思えます。なぜかと申しますと、いまチベット問題を一生懸命にやってくださっている方々は、環境問題や人権問題の一環として、チベットの問題もとらえているのではないかと思われる方々が多くおられます。勿論、チベット問題は人権問題でもあり、また中国による環境破壊の問題でもあります。しかし、そもそもチベット問題とは何かというと、一国の独立国家が他の国に侵略され、今現在も植民地として支配されている、この独立をもう一回取り戻そうというのが本来のチベット問題の本質であり、独立の回復こそが本来の目標であるべきだと思います。

そういう意味では今もう一度、われわれも考えなければならない時期に来ているのではないか。幸いにしてというか、今の北京政府、一見、非常に強く見えますが、総合的に見ると、そろそろ自らのさまざまな矛盾から崩壊する可能性もないわけではない。かつて私の恩師の倉前盛道先生が、ソビエトが崩壊するという予測を本に書かれました。そのときに周りから、そんなことはあなたの推測にすぎないという批判を受けましたが、その分析は現実のものとなりました。そして、先生は同時に、中華人民共和国という帝国も滅びる、そういう日が必ず来るとおっしゃっていましたが、残念ながら先生が健在のときにはそういうことが起きなかった。しかし、私はその予測がいつか当たるだろうと信じています。

現状について言う前に、チベット問題について、きょうはまず話をしたいと思います。一つは、私たち自身もまだ自分たちチベット人自身で確認しなければならないことがある。それは何かというと、今のダライ・ラマ法王の時代になり、初めて私たちはある意味で統一した国家になりました。それまでは中央政界がありましたが、世界中同じように、私たちも中世から近代に入るのに少し出遅れました。ですから、中華人民共和国という国がチベットを侵略したときは、まだチベット自身が本当に近代国家としての形があったかというと、必ずしもそうは言い切れない部分があります。

もちろん私は、当時のチベットは文明においても、歴史においても、また民族としての自立においても、堂々たる独立国だったと確信しています。中国は、野蛮で非文明国家のチベットに文明の光を照らした。そして、そのためにチベットを封建社会から解放したと、当時も現在も宣伝していますが、文明の面においては、ポタラ宮殿をご覧になっていただいても、あれだけの建築技術があの時代にあった。そして、チベット医学や占星術は、近代的な科学とは異なっていても、人間の心身の健康維持や、自然の法則の研究という面では立派な達成を遂げていました。チベットの歴史についても、宗教を中心としたものではあるけれども、すばらしい歴史書がたくさんありました。そして、インドの仏教の教えも、世界で一番多く翻訳されているのがチベットです。普通、私たちはお釈迦様の教えは八万四〇〇〇あると言いますが、少なくともチベットで約四〇〇〇が翻訳されています。中国では二〇〇〇ぐらい翻訳され、日本には二〇〇ぐらいしか来ていないわけです。そういう意味で、チベットは決して非文明国家ではなかった。

しかし、残念ながらチベットは、世界中の国々が近代国家として中央集権国家を作り上げていた時代に、ヒマラヤの奥地で自分たちだけの平和な生活をし、そして鎖国政治を約四〇〇年取りました。この鎖国政治は、チベット人の文化文明を発達、成熟させるには大いに役に立ったと思います。しかし、近代国家としては出遅れました。これがたぶん、私たちがいま直面している運命の原因です。

中国の侵略とインド・中国の対立

一九四九年に中華人民共和国ができ、そしてすぐ毛沢東は、この革命は本来わが祖国、これは中国的なわが祖国ですが、わが祖国の領土を全部解放するまではこの革命は終わらない。そして、それはもちろん、チベット、東トルキスタン、南モンゴル、あるいは日本の尖閣諸島、沖縄も含めてのことです。彼らが直接的、間接的に一度でも影響力を及ぼし、あるいはかつて朝貢を受けた国はすべて中国の一部であるという考え方に基づいています。そして一九五〇年、一番近く、一番武装していない、お坊さんが二七万から三〇万人ぐらいいても軍隊は二万人しかいない国、まさにどうぞ侵略してくださいというような環境にあったチベットに人民解放軍が押し寄せてきました。

そして、一九五一年に一七条条約を押し付けられました。一七条条約を結んでから約八年間、一九五九年三月まで、残念ながらチベットは中国の一部でした。これは認めざるを得ません。なぜならば一九五四年、中国は憲法をつくりました。一九四九年に独立したけれども、憲法ができたのはその五年後でした。このときにはダライ・ラマ法王もパンチェン・ラマ尊師も、あるいはそのほかチベットのそうそうたる方々が人民大会に参加して一票を投じています。給料ももらっています。しかし一九五九年、ダライ・ラマ法王がインドに亡命してから、テスプルというところで三月に、もうあの条約は無効であることを発表しました。

ですから、私個人の考えでは、あの瞬間からチベットは占領下の国家です。なぜならばチベット人の自発的な、あるいはチベット人の同意を得て、いま中国がチベットを支配しているのではありません。彼らは約束をことごとく破り、侵略することでチベットを植民地にしたのです。

一九六三年、チベットの各種族、各宗派のトップ、すべての亡命チベット人が、初めて、てダライ・ラマ法王を頂点とする、自分たちの政権を作り、それまで地域の藩主が有していた権限を委譲して団結する誓いをインドのブッダガヤで立てました。そして、その誓いとは、最後の一滴の血まで祖国の独立のために使うということでした。

さらにその後、一九七二年までチベット人はゲリラ活動を展開しました。これに関しては皆さんご存じのように、当時はアメリカの支援もありました。インドは当初、あまり積極的ではなかった。インドとしては、特にネルー首相としては、できればチベットを不干渉地帯として中華人民共和国と直接ぶつからないために残したほうがいい。そこにアメリカとか、あるいはヨーロッパの国々が、もう一回、チベットを助けるような意味で入ってきたら、せっかく日本の先の戦争の結果、独立したアジアの国々、アジアにもう一回、西洋の勢力が帰ってくると考えていました。したがって、インドも最初はゲリラ活動、あるいはアメリカが関わることについては必ずしも積極的ではなかったのです。

そして、インド自身が中国と友好条約がありました。インドと中国は一九六〇年代まではインド人の売買、バンドン会議においてネルー首相と周恩来、特にネルー首相の発想で平和五原則、サンスクリット語でパンチャシラを結びます。日本の学者の中には、この平和五原則の精神を周恩来思想だという人もいますが、もともとサンスクリット語がつかわれていることからも、これはネルーの政治思想であることがわかります。この平和五原則の最も大切なことは、お互いの内政を干渉しない。他の国を侵略しない。主権を尊重するといった、それ自体は全く正しい原則と理念です。ネルーは非常に理想主義的な要素と、中国を含めてアジアの問題はアジアで解決したいという意志を持っていました。

しかし、一九六二年、中国は突然インドを侵略してきたのでした。ネルーはショックを受けました。サッダ・パティルはじめ当時のインドの国民会議派の右派指導者たちは、一九五一年の段階で、武力を使ってでもチベットを支援せよと訴えていましたから、この時は「だから私たちは前からチベットを支援してでも中国の侵略を止めろと言っていたではないか」とネルーを批判しました。

インドはこの第一回目の中国との戦争では負けました。なぜ負けたかというと、インドは戦争準備が充分ではなかったからでした。しかし中国側も、当時はまだ完全な軍の装備はできていなかった。そして、当時はまだ十分な交通道路がなく、軍の移動が自由には行えなかったことと、チベットでは高山病に罹る中国人が多かったことも、中国軍の戦力を削ぎました。だから中国は、モンゴル人など高地でも戦える人々を動員してきたのですが、その人たちは積極的に喜んで侵略をするようなことはしません。中国軍は一度は占拠したインドのアルナーチャル州から、二〜三週間ぐらいで結局撤退しました。

チベットゲリラの悲劇

このような経緯があり、一九六二年から六三年にかけて、インドは初めてダライ・ラマ法王をインド国内において国家元首並みの扱いをするようになりました。そして、ネルーは法王に対し、中国との戦いは長期戦になるかもしれない。だから私たちインド政府が、貴方たちの国民であるチベット人をインドの学校や会社に迎えることよりも、チベット人のための学校を作ったほうがいい、そこはインドの教育カリキュラムに従う必要はないから、その学校でチベット語を教え、チベットの歴史、文化、宗教を教えなさい。そういう配慮をしてくれました。その学校には、チベットの僧侶が、必ず精神の指導者として子供たちを教えるようになりました。

こうして、インドという地にて、チベット仏教とそれに根差したチベット文明が生き続けたことが、その後世界にチベット仏教が広がっていく基礎となりました。一九六〇年代、ベトナム戦争をはじめいろいろな問題から、欧米社会が何か新しい精神文明を求めていたとき、ビートルズを通じてインドのマヘーシュ・ヨーギーとか、そういう人たちが紹介され、同時に、チベットの著名な聖者ミラレパも注目されました。そしてチベット仏教の書『チベットの死者の書』が外国に翻訳されて広がっていきました。そして、チベット仏教僧侶たちも、欧米に招待され、そこで教えを説くようになります。例えばアメリカでは、最初にホピインディアンの人たちがチベットに関心を持ちました。これは彼らの伝説の中に、いずれ東から赤い衣を着ているお坊さんが来る、聖者が来るということが書かれていたからだそうです。

日本でも、東大をはじめとしてインド哲学の延長線でチベット仏教を学んでいる学者、研究者は以前からいましたが、残念ながら、それはあくまでもインド哲学の延長線でしかなく、チベット仏教そのものを研究している人はなかった。むしろ最初に関心を持ってくださったのが、当時の日本のいわゆるヒッピーと言われた人たちでした。これは欧米でもそうだったと思います。最近はチベットの支援者は外国でも金持ちがたくさんいますが、最初にチベットに関心を持ってくれたのは、どちらかというとヒッピーや、海外を旅行している冒険好きな若者でした。神秘主義や宗教に憧れてインドへ行くような人たちがチベット仏教に関心を持ってくれたのです。そのおかげでチベットは知られるようになりました。

そうこうしているうちに、一九七二年、中華人民共和国はアメリカと関係ができ、アメリカは私たちに対し、あと六カ月でゲリラに対する援助を打ち切ると言いました。そのとき、ネパール政府に対し中国、アメリカ、両方から圧力がかかりました。ネパールのマヘンドラ国王は最後の最後までチベットの人たちに対し親切でしたし、ムスタンという地方にはチベットゲリラの基地があり、そこから中国に戦士たちが出撃していたのですが、この基地を撤去し、ゲリラもネパールから出てかねばならない状況になりました。

ゲリラの戦士たちは闘いを放棄したくはなかったのですが、このまま抵抗すればゲリラを武装解除しようとするネパール軍と闘うことになるかもしれない。法王は、少なくとも、これまで保護してくれたネパール国の兵士と戦ってはならないから、ネパール軍に降伏してその命令に従いなさいと指示しました。しかし、ゲリラ戦士たちは簡単には受け入れられません。戦士の中には、戦友独立のために最後まで戦うと誓い、その戦友が先に戦死した人もいます。だから、その友達のためにも自分は戦わなければならないという人もいました。

最後に法王の義理のお兄さんが法王の命令を録音したテープを持っていき、そのテープをゲリラに聞かせたのです。それでも一部の人たちは中国、あるいはネパール軍に降伏するのだったら自殺したほうがいいと言い、自分自身に鉄砲の銃口を付けて死んだ人もいます。もしかしたら僕の代わりに、日本に留学生として来たかもしれなかったあるチベット人がいました。難民として同じ学校にいるときはある意味競争相手ですから、僕はその人のことを尊敬もしていなかったし好きでもなかった。しかし、僕が日本に来て数週間後に、彼はゲリラ戦士として戦う道を選びました。そして、数年後に彼は戦死しました。

そのとき、僕は彼に負けたような気がしました。それまで憎たらしいと思った人が急に恋しくなり、そして偉い男だったと思うようになったのです。だから、その後の僕の日本での活動は、常に彼のことが頭の中にあります。もし私の代わりに彼が来ていたら、彼は何をやっただろうか。彼は独立という目的を果たす前に戦死したけれど、少なくとも、自分の尊い命を大きな目的のために捧げることができた。私はそれに比べたら何ができているだろう。私はいつもそう問いかけていますし、永遠に彼は、少なくとも私にとってはヒーローです。

どこの国でも、最後に結果が出た時には、名乗り出てきて自分の手柄にしたがる自称「英雄」たちはたくさん出てきますけど、歴史の中で名前も残らないヒーローがもっとたくさんいます。私たちと一緒になって戦ってくれた、アムドタシという中国人もいます。彼はもともと中国の人民解放軍でした。しかし、途中から、中国のやっていることはよくないということで、われわれの仲間になってくれた。そして、一緒に戦ってくれました。恐らく彼のことは、チベットの歴史にも、中国の歴史にも載らないかもしれない。でも、彼もまた、チベット、中国、両方の本当の英雄だと思います。

いずれにしても、この一九七〇年代は私たちにとっては非常に大きな転換期でした。

そして、七〇年代に米中国交ができ、世界全体ももはやゲリラ活動を支援するような社会ではなくなっていきました。唯一の例外がインドです。インドは当時、東と西に東パキスタン、西パキスタンがあり、アメリカは当時パキスタンを応援し、中国も同様でした。ですから、当時のインド、インディラ・ガンジー政権は、中国、国内の共産主義者たち、アメリカのＣＩＡに支持された知識人のいわゆる「民主化」勢力に包囲されているような状況でした。こんな中、ガンディー首相は、思い切って東パキスタン＝バングラデシュの独立を支援しました。

そのとき、インディラ・ガンジーは私たちにチャンスをくれました。チベット人がたくさんバングラデシュの独立のために戦い、そしてダッカまではチベット人部隊が実は先に到着しているんです。当時の新聞を見れば、正体不明の部隊となっています。

亡命チベット人社会の発展と新たな問題点

北京は一九六六年からいわゆる文化大革命に入り、一九七六年、ほとんど国はもう貧乏でした。そして、お互いに信用もできない。ちゃんとした学校へ行っている人もいない。みんな『毛沢東語録』さえ持っていればよかった。結婚式のお祝いも『毛沢東語録』をあげなければならない。だから『毛沢東語録』は一人五〜六冊持っていたけれど、それ以外の教育をちゃんとしていないような状況だった。

そのときに鄧小平は、もちろん世界に対し柔軟な姿勢を見せなければならない。だから、一九七九年にダライ・ラマ法王の実の兄であるギャロ・トンドゥップと会った際に、彼に対し自らこう言ったのです。

「独立という言葉以外だったら何でも話し合う用意がある。また、オーストラリア、ニュージーランド、ヨーロッパなどからも、あなたたちを応援するけれども、いわゆる祭政一致の神聖政権は応援できない。チベット亡命社会が民主化されていくのなら応援しましょう」

法王自身は即位してすぐチベットの改革に入ったのですが、最初は中国の邪魔が入り、国内では思うようにできなかった。まだ法王は若かった。法王に対しこういう言葉は失礼ですが、本当にかわいそうなぐらいで、まだ一七歳になるかならないかですべての責任を負わなければならなくなったのです。チベットの悪いところは、人間が努力をして神様に頼むのはいいけれども、人間が努力しないで神様のせいにする。だから神様にいろいろ聞いたりお祈りをしたりしました。チベット全土で、平和のために各お寺でお祈りをしていました。しかし、法王の国内における改革はできなかった。

中央チベットには小作人制度がありました。これはたぶん、中国政府のうその中にも本当が少しあります。だいたいのうそには、みんな、少しは本当があるのですが、その小作人が地主から土地を借りたり、あるいは年貢を納められなかった分に関して誓約書を書いたりした。それをチベットで法王が即位してからは全部破棄しています。東チベットにはそういう制度がなかったけれども、西チベット、中央チベットでは、一定の土地改革や小作人の解放をしようとしました。これは法王の政治的な改革の一つです。

しかしインドへ来て、一九六三年に初めて暫定憲法、将来のチベットのための成文憲法をつくりました。憲法をつくったときも、僕の父親の年代のチベットの人たちは、とんでもない。法王は法の上の存在であり、法に束縛されるものではない。法王の言葉が法律だ。憲法など要らない。ましてや、あの憲法の中に、法王の地位に対しても書いてあるのですが、もし法王がふさわしくないときは議会によって弾劾できることになっている。それを見て、先輩たちは怒りました。法王の権限、法王をそのように縛るのはよくないという声が挙がりました。しかし、最終的には法王が皆を説得されたのです。

ですから、亡命先において私たちは法王から、少なくとも一九六〇年代にもう民主主義の方向性を示す憲法ができました。最初の憲法の議員たちはみんな元豪族、元貴族、あるいは各宗派の偉いお坊さんたち、みんなそうそうたる方々でした。英語の読み書きはできませんでした。たぶん、国際社会のことはほとんど知らないような人たちだったかもしれません。

しかし、彼らにはオーラがありました。例えばいま、僕のために死んでくれと言ったら、死んでくれるチベット人は一人もいないと思います。しかし、その当時の法王や僧侶が命じたら、直ちに死ぬことを決意するような人たちがたくさんいました。そういう人たちにより、議会がつくられました。しかし、さらにそれを進め、一九七〇年代になり法王は、中国共産党のもとではなく海外で直接国民が選挙する議員制度をつくりました。そして、最初は大臣たちを法王が任命して議会が承認する。やがて議会が指名して法王が任命する。段階的に民主主義をきちんとつくり出してきたのです。

また、チベットの環境問題について最初にやってくれたのが、一九八〇年代、ドイツの緑の党のペトラ・ケリーです。西ドイツ（当時）のシュミットさんと鄧小平の間に、チベットに核の廃棄物を捨てる場所を提供する交渉があることなどを告発してくれました。こうして七〇年代以後、チベット問題は、人権問題、環境問題の面からも大いに注目されるようになってきました。ですから、チベットの問題を世界に認知してもらうという点では、亡命チベット人社会は一定の役割を果たしてきたように思います。この頂点としての成果が、ダライ・ラマ法王のノーベル平和賞受賞でした。法王は平和のシンボル、中国の暴力に対する、ガンディーのような非暴力の抵抗者の象徴となり、世界的にも多くの文化人の理解や指示を得るようになりました。

しかし一方、これから先、チベットが何を目標にしているかということになると、非常に抽象的なことになってしまいました。法王がおっしゃる「高度な自治」「中道」という言葉もそうです。もちろん、法王の立場からするとそれしか選択はないと思います。なぜならば、いま消えつつあるチベットの文化文明を維持し、中国側の理性に訴え、国際社会を味方につけるためには仕方がないでしょう。しかし、しかし、私は一個人のチベット人として申しますが、チベット人みんなが法王のように慈悲に満ちた人ではないと思います。みんなが自分の親戚や家族の人たちが殺されているのを許せるような、そんな寛大な気持ちは持っていないと思います。

何よりも中国のほうの政策が変わらない。むしろ中国はこの約二〇年間、対話を利用して、着実にチベット国内において道路をつくり、高校をつくり、電車を引っ張ってきて、彼らの支配をより確実なもの、より充実したものにした。そして、東トルキスタンことウイグル、あるいはモンゴルのように、中国人の移民がどんどん増えてきています。

現状から見ると、中国政府は本気でチベット問題を解決しようという気持ちは、私はないと思う。彼らが本気で話を進めるためには、もっとわれわれのほうから意思表示を強くし、国際社会も環境問題、人権問題だけではなく民族自決権の問題としてチベット問題をとらえなければ前進はしません。

ニュースでは、チベットに世界で一番長い七二三メートルのトンネルができたとか、世界で一番高い海抜四七〇〇メートルのところに空港ができたとか、おめでたい話が中国側からたくさん流れています。しかし、それがチベット人にとって何の意味があるか。むしろチベットのアイデンティティを奪い、自立性を奪い、そして同化政策および植民地支配をさらに強化する以外の何ものでもないと思います。

彼らが言うチベット、つまりチベット自治区だけで九つぐらいの空港ができた。僕は、たぶんあれは、いずれインドとの戦争などを考えて軍用として使うためだと思います。今の中国の現状、そしてチベットの現状から見ると、そんなにお客さんはたくさんいない。彼らが言うには、一日七五万人の人たちを受け入れられるような態勢をつくるというのです。ニンティは雲南省にも近い。それから、ビルマにも近い。当然、バングラデシュ、インドにも。

インドはいま非常に危機感を抱いており、一生懸命に汗をかいています。だからこそ私は、インドと日本の連携は、アジアの平和と民主主義を守るためにも絶対必要だと考えております。

中国の核兵器よりもはるかに強い法王の精神的権威

六〇年たっても、まだチベット人の心を支配しているのはダライ・ラマ法王です。今回、北京政府は、法王はお坊さんの衣を着たオオカミだとか、人をだますのが上手な役者だとかいろいろ言っているのですが、一番の問題は彼ら自身が誠意を持っていないことです。法王、あるいはチベット側からは、対話を通して北京政府を一度も裏切ってない。むしろ、私たちは過剰な期待を持ち過ぎてしまい、振り回されている。誠意を示すべきなのは北京政府です。

特に一九八七年から事実上はまだチベットに対する戒厳令が生きています。当局の判断でチベット人への発砲が無条件で許され、五名以上の人間が許可なしに集まった場合には集会と見なされる。ですから、いま単独行動を取るしかない。単独行動の最も典型的な抗議が焼身行為です。もし中国が言うようにチベットがみんな幸せになって近代化していったら、焼身行為をする必要はないはずです。

北京政府は、二〇一〇年ごろから宗教委員会が活仏（リンポチェたちの化身）の認定に対し干渉する法律までつくりました。これは僕の推測ですが、たぶん法王が政教分離をやったことに対しての対策ですし、もう一つは、ダライ・ラマ法王はチベットだけではなく、チベット仏教全体の法王であるからです。つまり、ダライ・ラマ法王が次の転生をされることは、チベット人だけの問題ではありません。チベット仏教界全体の問題です。モンゴル、ブリヤート、カルムイク、ラダック、ブータン、あるいはアルナーチャル、広範囲の人たちがチベット仏教徒です。そして、さらにいま世界中にチベット仏教徒が増えています。

なによりも、中国が持っていないもの、今後も絶対に持つことができないものを法王が持っています。中国が持っているのは核兵器であり、あらゆる暴力手段です。しかし、私たち人間一人ひとりの中にも核兵器のような、いや、それ以上に強い力を持ち、私たちの心を支配している権威も価値観もあります。この権威や価値観は、いかなる北京政府もコントロールできない。北京政府のリーダーたちは法王のように、精神の力だけで人々を従わせること、人の尊敬を得ることは絶対にできません。

だから彼らは法王が怖い。北京政府があした民主化しますということで自由な選挙をやる。この場合にチベットも含めてやったら、ネルソン・マンデラが白人の良識の票も集めて大統領に就任したように、法王が大統領になる可能性はあると思います。

しかし、私たちの弱点は、いま中国が崩れかかっているのに、それに対し準備がないことです。たぶんそろそろチベット国外においても、政党政治のようなものは段階的にこれからの活動としては出現してくるだろうと思う。それがないと、次のビジョンがあまり生まれてこないのです。亡命政府としては、政党をつくってもいい。政党はあるとおっしゃっています。実際、確かにあります。一番初めにできたのは一九七〇年代にチベット共産党ができました。それから、チベット民主党ができました。国民民主党ができました。

しかし、ほとんどは仲良しのクラブみたいなことで、まだ政党としての形は整えていません。そういう候補者も出していません。そういう意味では、運動の展開の流れとしては、中国人に対してもわれわれは何を求めているかということを、もう少し明確にする意味でも、そういう政党がちゃんと出てきて、中国に先駆けて、自由な多党制による政党政治を行うことが必要でしょう。

もう一つは、やはりチベットだけではできません。このチベット問題を解決するためにはウイグルやモンゴルとの連帯が必要です。しかし、集会の場でただ三民族が集まって、連帯だと言っても、そんなに簡単ではありません。基礎的、持続的な人間関係と組織としての交流が必要です。

そして、私たちがどんなに中国のやり方を批判しても、いきなりチベットはこれから引っ越しますからと言って、地図上にハサミを入れて切って、どこかへ持っていくようなことはできません。中国とチベットも、長い歴史の中で仲良くやった時代もあります。お互いにそれによって利益を得たこともあります。法王がときどき冗談でおっしゃるのですが、われわれチベット人はおいしいものを食べようと思ったら中華料理です。精神的に高めようと思ったらインド哲学です。チベットの政治制度はモンゴルでした。ですから、ダライ・ラマ法王のダライもそうだし、ホトクトとか、ザサクとか、そういう肩書、日本語も西洋からバロンとか伯爵、男爵を取り入れた時代があったのですが、チベットの場合、一九五〇年代までは内閣の大臣、大臣だけではなく個々の位はザサクなど、モンゴルの肩書を使ったのです。チベット人はモンゴルが大好きです。

ですから、中国人を含めて、それぞれの民族が、お互いに対等、平等の下で暮らすことができないことはないと思う。ただし、どちらかが属国になり、どちらかが宗主権があるとか、あるいは支配者になることはたぶん、あと一〇〇年たっても成功しないと思う。一〇〇〇年たっても、たぶんチベット人、あるいはモンゴル人が生きている限りは、喜んでそういう支配を受けることはないと思います。

最後に、残念ながら小国の運命は小国だけで決められるわけではありません。今後の米中関係、印中関係、あるいは日本もアジアにおいてだんだんと主役の一つになりつつあると思いますが、その中で、チベット問題も含め、現在の中国に対し、何をどう考えていくかによって決定されます。いま中印関係においても、あるいは米中関係においても、チベット問題は台湾問題と同様に中国が言う核心的利益、すべて駆け引きの材料になるということです。ネゴシエーションの材料になるということです。

そのときに、私たちがどれだけ自分たちの価値をカードとして使う側に認めてもらうことができるか。相手がただ将棋の駒として使うだけになるか。それとも、私たちはある程度、自分たちの存在、意思を持って意識的に利用されるか、ということが大切だと思います。いま私が言っているのは、実は中国が言ってくれている。中国が、アメリカやインドはダライ・ラマカードを使うことはけしからんと言っています。カードとして認めてくれています（笑）。

チベットの全体の運動については、私はここでこれ以上のことは言えませんが、アジア全体の平和と安全を考えたときに、チベット問題、あるいはウイグル問題、そしてモンゴル、台湾、そして香港の問題などはいずれも重要な課題となってきます。

本質的なチベット問題は、何度も申し上げるようですが、私の気持ちでは、チベットが完全に自由と独立を勝ち取ることです。これは私個人の願いです。これはチベット憲法でもちゃんと自由を認めています。これからも支援していただきたい。恐らく、ウイグルにしても、モンゴルにしても、似たような気持ちだと思います。そして、中国人を含めて、恐らく自由と民主主義を求めている人たちが大多数だと思います。サイレントマジョリティがいるわけです。今後、そういう人たちとの連帯、そういう意味で連帯という言葉は何らかの形でそういうつながりを持っていこうということを考えていますし、それこそがアジアの未来を切り開くと私は確信しております。

長時間ありがとうございました。

◆著者◆
ペマ・ギャルポ（Pema Gyalpo）

1953年、チベット・カム地方のニャロンに生まれる。1959年、中国軍の侵略によりインドに脱出。1965年、日本に移住。1976年、亜細亜大学法学部卒業。1980年、ダライ・ラマ法王アジア・太平洋地区担当初代代表。2005年、日本に帰化。
現在、拓殖大学教授、桐蔭横浜大学客員教授、岐阜女子大学名誉教授、チベット文化研究所所長、アジア自由民主連帯協議会会長。
主な著書に『犠牲者120万人　祖国を中国に奪われたチベット人が語る　侵略に気づいていない日本人』（弊社刊）、『チベット入門』（日中出版）、『「国」を捨てられない日本人の悲劇』（講談社）、『立ち上がれ日本! 目醒めよ、麗しの国』（雷韻出版）、『中国が隠し続けるチベットの真実 仏教文化とチベット民族が消滅する日』（扶桑社）、『日本人が知らなかったチベットの真実』（海竜社）などがある。

編集協力：三浦小太郎

チベット人だからわかる
中国は消防士のフリをした放火魔

令和２年９月10日　第１刷発行

著　者　ペマ・ギャルポ
発行者　日高　裕明
発　行　株式会社ハート出版

〒171-0014 東京都豊島区池袋 3-9-23
TEL.03(3590)6077　FAX.03(3590)6078
ハート出版ホームページ　http://www.810.co.jp

定価はカバーに表示してあります。

ISBN978-4-8024-0107-4　C0031

印刷・中央精版印刷株式会社

日本人よ、中国の属国になってもいいのか？

中国による巧妙な侵略計画は日中国交正常化から既に始まっていた！
なぜ「寛容の国」は滅ぼされたのか？
「平和憲法」という幻想に惑わされるな！

チベットには、心から平和を祈る人々は僧侶をはじめたくさんいた。しかし中国は、そんなチベット人を無慈悲にも、大量に虐殺したのだ。侵略の実態を知るチベット人には、「平和憲法を守れ」という声は、他民族による支配の現実を知らない人の戯言にしか聞こえない。「日本人には絶対に同じ悲劇を繰り返してほしくない」本書には、祖国を失ったチベット人の願いが込められている。

犠牲者120万人
祖国を中国に奪われたチベット人が語る
侵略に気づいていない日本人
ペマ・ギャルポ　著
四六判並製　本体1600円
ISBN 978-4-8024-0046-6

なぜ秀吉はバテレンを追放したのか

世界遺産「潜伏キリシタン」の真実

三浦 小太郎 著

ISBN 978-4-8024-0067-1　本体 1600 円

復刻版　初等科国史

GHQが葬った《禁断》の教科書

文部省 著　三浦 小太郎 解説

ISBN 978-4-8024-0094-7　本体 1800 円

日本と世界を騙しに騙した中共の正体

支那事変から武漢肺炎まで

落合 道夫 著

ISBN 978-4-8024-0098-5　本体 1400 円

日本復喝！

中国の「静かなる侵略」を撃退せよ

佐々木 類 著

ISBN 978-4-8024-0104-3　本体 1500 円

WHAT NEXT

次に何が起こるか？ コロナ以後全予測

宮崎 正弘 著

I978-4-8024-0099-2　本体 1500 円

元韓国陸軍大佐の反日への最後通告

日本は学ぶことの多い国

池 萬元 著，崔 鶴山・山田智子・B．J 訳

ISBN 978-4-8024-0092-3　本体 1800 円